AUX FILLES

DE

GAMBRINUS

VAUDEVILLE EN TROIS ACTES

DE MM.

GASTON MAROT & ALFRED POULLION

PARIS

TRESSE & STOCK, ÉDITEURS

8, 9, 10, 11, GALERIE DU THÉATRE-FRANÇAIS
Palais-Royal

—

1886

AUX

FILLES DE GAMBRINUS

VAUDEVILLE EN TROIS ACTES!

Représenté, pour la première fois, à Paris, sur le THÉATRE DÉJAZET,
le 8 octobre 1885.

IMPRIMERIE GÉNÉRALE DE CHATILLON-SUR-SEINE. — A. PICHAT

AUX

FILLES DE GAMBRINUS

VAUDEVILLE EN TROIS ACTES

PAR MM.

GASTON MAROT & ALFRED POULLION

PARIS

TRESSE & STOCK, ÉDITEURS

GALERIE DU THÉATRE-FRANÇAIS
PALAIS-ROYAL

1886

PERSONNAGES

ANATOLE RIBOULOT. . . . . . MM.	LEGRENAY.
MANIVON	DORGAT.
GAMBOULET	CHELU.
ANSELME	PRIKA.
VICTOR	DERVET.
UN CONSOMMATEUR.	LÉON.
UN IVROGNE	JULES.
OCTAVIE RIBOULOT . . . . . Mmes	BILLY.
ALEXANDRINE, sa fille	BLANCHE MERSTON
MADAME GAMBOULET	THIÉBAUT-MARCHAND.
MARIETTE	FANZI.
FERNANDE.	LOUISE COUDERC.
FRANÇOISE.	ISABELLE GUÉRIN.
IRMA	BONELLY.
ZOÉ	MATHILDE.
MISS CRACFORT, personnage muet.	FRANCIS.

DEMOISELLES DE BRASSERIE, CONSOMMATEURS

Le 1er acte à Paris, le 2e à Vincennes, le 3e à Paris.

NOTA : Octavie Riboulot et madame Gamboulet peuvent être jouées indifféremment par deux duègnes ou deux coquettes excentriques.

AUX

FILLES DE GAMBRINUS

ACTE PREMIER

Une salle de brasserie. Au fond, une porte. Tout le reste est vitré et donne sur la rue. A gauche, premier plan, un comptoir avec tous ses accessoires. A droite, — premier plan, une porte. — Deuxième plan, la pompe à tirer la bière. — Troisième plan, autre porte. Partout, des tables et des chaises, glaces, etc... Au lever du rideau, quelques consommateurs sont attablés çà et là. Les demoiselles vont et viennent, des consommations à la main.

SCÈNE PREMIÈRE

CONSOMMATEURS, FERNANDE, IRMA, MARIETTE, ZOÉ et
AUTRES DEMOISELLES.

CHŒUR.

Air d'entrée du premier acte des Boussigneul.

Servons avec distinction,
Du madère,
De la bière,
Servons avec distinction,
Chaque consommation.

1

PREMIER CONSOMMATEUR.

Mademoiselle Mariette, une absinthe !

MARIETTE.

Voilà, monsieur Edouard... voilà !

DEUXIÈME CONSOMMATEUR.

Un amer Picon, mademoiselle Fernande !...

FERNANDE.

Enlevons l'amer Picon à M. Paul.

TROISIÈME CONSOMMATEUR.

Un bock !

IRMA.

On y va... (Avec malice.) Faut-il en servir deux à monsieur ?...

TROISIÈME CONSOMMATEUR, assis à une table au premier plan à droite.

Pour qui le second ?

IRMA.

Pour moi.

TROISIÈME CONSOMMATEUR.

Ce ne serait pas à faire.

IRMA, à part.

Oh ! là ! là !

Elle va à la pompe à bière et revient avec un bock qu'elle met devant lui.

QUATRIÈME CONSOMMATEUR.

Un vermouth !

ZOÉ.

Boum !...

REPRISE.

Servons avec distinction
Etc... etc...

SCÈNE II

LES MÊMES, OCTAVIE, puis UN IVROGNE.

OCTAVIE, entrant par la droite, premier plan.

Ah !... Mesdemoiselles, y a-t-il une lettre pour moi?..

MARIETTE.

Oui, madame.

OCTAVIE.

Donnez vite.

MARIETTE, la lui donnant.

C'est l'employé de l'agence de renseignements commerciaux d'à côté qui vient de l'apporter.

OCTAVIE.

C'est bien... (A part.) Ma destinée va être fixée, car elle est là, ma destinée... Là... dans cette lettre... C'est ce simple morceau de papier qui va me dire si je suis condamnée à rester demoiselle — mariée... jusqu'à la fin de mes jours. Ah! j'ai pourtant bien besoin de ne plus vivre dans le statu quo! J'éprouve une certaine émotion en ouvrant cette lettre...

DEUXIÈME CONSOMMATEUR.

Un peu de curaçao dans mon amer Picon !

OCTAVIE.

Voilà !... Servez au quatre !... De l'activité, mesdemoiselles, de l'activité... (Elle lit sa lettre.) « A mademoiselle Octavie Fignolard, propriétaire de la Brasserie des filles de Gambrinus. » C'est moi. (Lisant.) « Mademoiselle, nous avons enfin les renseignements que vous nous avez demandés sur un certain Anatole Riboulot, qui, le 1er avril 1865, a épousé, au douzième arrondissement, mademoiselle Sophie Dumoulin... » Sophie Dumoulin, c'est encore moi !

MARIETTE.

Madame !

OCTAVIE.

Laisse-moi, ma fille, je m'isole...

MARIETTE.

C'est qu'il n'y a plus de pression à la pompe.

OCTAVIE.

Plus de pression à la pompe ?... Sapristi !... Est-ce qu'il va falloir que je mette la main à la pâte ?

FERNANDE, au robinet de la pompe.

Ah ! ça revient...

OCTAVIE.

C'est bien... Entretenez le tuyau. (A elle-même.) Où en étais-je ?... Ah ! voilà ! (Lisant.) « Il y a vingt ans, qu'Anatole Riboulot a lâché la malheureuse Sophie Dumoulin sans lui crier gare : Un soir, après huit jours de mariage, il a trouvé bon de ne plus réintégrer la chambre d'hôtel dans laquelle les deux nouveaux époux avaient élu domicile. À cette époque, il était courtier en spiritueux... il allait de droite à gauche. Il voyageait et sa femme, l'infortunée Sophie Dumoulin... » C'est toujours moi ; « le suivait partout. Donc, cette nuit-là, Sophie l'attendit jusqu'au lendemain matin, après quoi, ne le voyant pas revenir, elle fit ses paquets. » Oh ! ça n'a pas été long et j'allai me réfugier à l'autre bout de Paris...

DEUXIÈME CONSOMMATEUR.

Un peu d'amer Picon dans mon curaçao !

OCTAVIE.

Servez au quatre !...

IRMA.

On y va !...

OCTAVIE, continuant.

« Eh bien, chère demoiselle Octavie Fignolard, » c' st

encore moi. — « cet Anatole Riboulot existe toujours. »
— Pas veuve !... Je ne suis pas veuve ; pas de veine !...
« Il est artificier dans les environs de Paris et ne demande qu'à revoir son ancienne épouse. » Me revoir ?...
Au fait, pourquoi pas ?... Je ne veux plus rester demoiselle... et, ma foi, autant mon légitime qu'un autre. Le
temps a dû jeter de la cendre sur ses pétarades...

MARIETTE, se disputant au fond avec un ivrogne qui est entré.

Madame !...

OCTAVIE, sans lui répondre, reprenant.

Ce qui me chiffonne, par exemple...

MARIETTE.

Madame... Un ivrogne !

OCTAVIE.

Un ivrogne chez moi... Sarpejeu !... (A l'ivrogne qui gesti-
cule au fond.) Allons, housse ! Dehors !...

L'IVROGNE.

Jamais de la vie !

OCTAVIE.

Jamais de la vie ?... Une ! deux ! trois ! Enlevons.

Elle le prend presque à bout de bras et le jette dehors.

LES CONSOMMATEURS.

Bravo ! bravo !

OCTAVIE, revenant tranquillement où elle était et reprenant à elle-
même.

Ce qui me chiffonne, par exemple, c'est de penser que
je vais peut-être retomber sur un invalide. J'avoue que
ça, ça m'embêterait. Au fait, je puis me le faire envoyer
ici, sans qu'il sache pourquoi... Oui... (Appelant.) Mariette...
De quoi écrire...

MARIETTE.

Voilà, madame.

OCTAVIE.

C'est cela... Je vais l'échantillonner...

On l'a servie sur une petite table à gauche, près du comptoir.

SCÈNE III

Les Mêmes, ALEXANDRINE.

ALEXANDRINE, entrant en riant par la droite, premier plan.

Ah !... ah !... ah !...

OCTAVIE.

Qu'est-ce que tu as à rire comme un canard ?

ALEXANDRINE.

Je vais te le dire, maman : j'ai cassé un carreau...

OCTAVIE.

Tu as bien fait, si ça a pu te distraire, ma fille chérie.
Laisse-moi écrire...

ALEXANDRINE.

Il faut pourtant que je te raconte comment j'ai cassé
ce carreau...

OCTAVIE.

Raconte-le à ces demoiselles, ça les amusera.

ALEXANDRINE.

Oh ! je veux bien, moi. Mesdemoiselles !

TOUTES.

Quoi ?

ALEXANDRINE.

Écoutez ce qui vient de m'arriver.

Octavie écrit.

COUPLETS

I

J'étais assise à la fenêtre,
Lorsque tout à coup, devant moi,

Sur le trottoir, j'vis apparaître
Un garçon bien tourné, ma foi !
Il me r'garda d'un air si bête,
Que j' crus qu' c'était un amoureux
Et que j' piquai tout droit un' tête
Dans l' carreau qui s' fendit en deux.
Ah ! ah ! ah ! ah ! ah ! ah ! ah ! ah !
Quel brouhaha !
Ah ! ah ! ah ! ah !
Fallait voir ça !
Tous les voisins r' gardaient, oui-dà,
D'où v'nait ce charivari-là.
Ah ! ah ! ah ! ah !

LES DEMOISELLES en chœur.

Ah ! ah ! ah ! ah ! ah ! ah ! ah ! ah !
Ah ! ah ! ah ! ah ! ah ! ah ! ah ! ah !

OCTAVIE.

Ma fille, je te défends de parler d'amoureux, ici !

ALEXANDRINE, parlé.

Oui, maman !

II

Loin de m'effrayer, je dois dire
Que ce bruit m'amusa beaucoup.
Je partis d'un éclat de rire,
Mais qui s'éteignit tout à coup,
Car j'venais d'voir le véritable
Qui se dirigeait vers chez nous
Et qui d'son air le plus aimable
Me faisait de loin les yeux doux.
Ah ! ah ! ah ! ah ! ah ! ah ! ah ! ah !
Quell' sensation !
Ah ! ah ! ah ! ah !
Quelle émotion !
Quand un' jeun' fill' voit sa passion
La r'garder avec attention.
Ah ! ah ! ah ! ah !

TOUTES, en chœur.

Ah! ah!

Etc... etc...

OCTAVIE, qui a cacheté la lettre.

Alexandrine, mon enfant, je t'ai déjà priée de ne pas parler ainsi de celui que tu appelles ton amoureux...

ALEXANDRINE.

Mais, maman!...

OCTAVIE.

Attends! — Zoé?

ZOÉ.

Madame!

OCTAVIE.

Portez cette lettre à l'agence à côté...

MARIETTE.

L'agence est fermée jusqu'à deux heures, madame.

OCTAVIE.

Cela ne fait rien. Allez, Zoé. Vous direz au concierge de remettre cette lettre à l'agent dès qu'il rouvrira...

ZOÉ.

Bien, madame!...

Elle sort.

OCTAVIE.

Continue, ma fille!...

ALEXANDRINE.

Mais, maman, j'aime M. Anselme... Et M. Anselme m'aime!

OCTAVIE.

Et tu veux être madame Anselme?...

ALEXANDRINE.

Tout le temps...

OCTAVIE.

Jamais!...

ALEXANDRINE.

Oh! maman, ne dis pas ça...

OCTAVIE.

Je le dis et je le répète: Jamais! Je ne veux pas dans ma famille d'un garçon qui n'a pas de père...

ALEXANDRINE.

Est-ce que j'en ai un, moi?

OCTAVIE.

Oui!

ALEXANDRINE.

Ah! mon Dieu!... J'ai un père!... Et où ça?...

OCTAVIE.

Je vais le savoir bientôt!... Écoute-moi, ma fille : Tu me crois veuve sous le nom d'Octavie Fignolard?

ALEXANDRINE.

Dame!... Tu me l'as toujours dit!...

OCTAVIE.

Je t'ai trompée... parce qu'il le fallait. Octavie Fignolard n'est pas mon nom. Je me nomme Sophie Dumoulin, épouse légitime d'Anatole Riboulot.

ALEXANDRINE.

Je suis une petite Riboulote?

OCTAVIE.

Silence!... Ne prononce pas encore ce nom.

ALEXANDRINE.

Mais, comment se fait-il?...

OCTAVIE.

En deux mots, voilà : Ton père m'a quittée après huit jours de mariage. Il m'a laissée toute seule dans l'hôtel que nous habitions alors, rue de la Fidélité... Amère dérision!...

1.

ALEXANDRINE.

Ah!... ce n'est pas bien, ça!...

OCTAVIE.

Je résolus de ne plus le revoir, même s'il revenait à moi, et je changeai de nom. Reprendre mon nom de demoiselle c'eût été lui laisser une piste. Une de mes amies d'enfance, Octavie Fignolard, venait de partir pour l'Amérique. Je choisis le sien de préférence, et je devins Octavie Figuolard. Aujourd'hui, j'apprends que ton père existe. Et, fatiguée de mon célibat trop prolongé, je me propose, s'il est encore présentable, de renouer avec lui la conversation qu'il a interrompue, il y a vingt années.

ALEXANDRINE.

Mais te rappelleras-tu ce qu'il te disait à ce moment-là ?...

OCTAVIE.

J'en réponds. Seulement... car il y a un seulement...

ALEXANDRINE.

Lequel?

OCTAVIE.

Je vais être forcée, quoi 'qu'il arrive, d'abandonner mon nom d'emprunt.

ALEXANDRINE.

Pourquoi?

OCTAVIE.

Parce que la véritable Octavie revient d'Amérique. Elle m'a avisée de son retour, et c'est ici qu'elle descendra. J'ai même décidé qu'on lui réserverait la chambre à côté de la mienne.

ALEXANDRINE.

Bien, maman.

OCTAVIE.

Tout ceci dit et exposé, tu vois bien qu'il m'est impossible d'offrir à ton père un gendre qui n'en a pas... de père.

ALEXANDRINE.

Mais, ça n'empêche rien, ça...

OCTAVIE.

Ça empêche tout...

ALEXANDRINE.

Pourquoi?...

OCTAVIE.

Si je te le disais, tu ne le comprendrais pas. Que ce
M. Anselme vienne une bonne fois pour toutes, et je m'ex-
pliquerai devant lui.

ALEXANDRINE, voyant Anselme qui entre par le fond.

Comme ça se trouve... Justement, le voilà.

SCÈNE IV

Les Mêmes, ANSELME.

Pendant cette scène, les consommateurs payent et sortent, sauf le
troisième qui semble dormir.

ANSELME.

Je viens sur les ailes de l'amour...

OCTAVIE.

Assez!

ANSELME.

Présenter à mademoiselle l'hommage...

OCTAVIE.

Assez, vous dis-je, et écoutez-moi!

ANSELME.

Je vous écoute, madame, je vous écoute, avec le calme
et la sérénité d'une conscience qui n'a jamais failli!...

OCTAVIE.

Jeune homme, vous me tapez sur le système nerveux.

ALEXANDRINE.

Pas à moi, maman.

OCTAVIE.

Ma fille... soyez circonspecte!

ALEXANDRINE.

Je l'aime!...

ANSELME.

Doux aveu!

OCTAVIE.

Sarpejeu!... Voulez-vous me laisser finir ma péroraison.

ANSELME.

Pérorez, madame.

ALEXANDRINE.

Va, maman... Mais tout ce que tu pourras dire ou rien..

ANSELME.

Ce sera la même chose.

ALEXANDRINE.

Oh! oui!

OCTAVIE.

Ils s'entendent ces galopins-là!

ANSELME.

Parfaitement!

ALEXANDRINE.

Absolument!

OCTAVIE, à Anselme.

Mais, malheureux que vous êtes...

ANSELME.

Pardon, madame!... Je paye toutes mes consommations...

OCTAVIE.

C'est vrai... De ce côté-là, je n'ai que des compliments
à vous adresser. Vous n'avez jamais fait de poufs dans
mon établissement.

ANSELME.

Donc, ce n'est pas là le fait d'un malheureux.

OCTAVIE.

Je parle par métaphore.

ALEXANDRINE.

La réalité, maman.

ANSELME.

Oui, madame, la réalité, pas de métaphore.

OCTAVIE.

Eh bien!... La voilà, la réalité ; vous n'avez pas de
position.

ANSELME.

Pas de position!... Mais je suis employé à la mairie du
dix-neuvième.

OCTAVIE.

Et vos appointements ?

ANSELME.

Mes appointements?

OCTAVIE.

Douze cents francs par an !

ALEXANDRINE.

Je m'en contente.

OCTAVIE.

Pas moi. Ensuite... Et voilà le point capital... Ce qui
me fait vous repousser de toutes mes forces organiques,
c'est que vous n'avez pas de père.

ANSELME.

Madame, le jour où je quittai le conservatoire des enfants trouvés, où j'ai fait mes classes, le supérieur me remit un petit papier que l'on avait trouvé collé dans mon dos à l'aide d'un pain à cacheter.

ALEXANDRINE.

Et ce papier?

ANSELME.

Ce papier contenait ces simples mots : Anselme Gamboulet, né le 23 septembre 1863. Il y a deux ans de cela. J'ouvris alors un Almanach Bottin. J'y cherchai tous les Gamboulet de la France. J'en trouvai 249. J'ai écrit à 248 qui, tous, m'ont envoyé une réponse négative avec preuves à l'appui. Il ne m'en reste plus qu'un à interroger... le 249ème. Il habite Vincennes, je me propose d'aller le voir le plus tôt possible... Donc, avant qu'il soit longtemps, j'aurai éclairci le mystère qui pèse sur ma naissance.

OCTAVIE.

Et si vous ne l'éclaircissez pas?

ANSELME.

Je n'en serai pas moins aimé de mademoiselle Alexandrine et je me consolerai dans ses bras.

OCTAVIE.

Malheureux!

ANSELME.

Quand elle sera ma femme.

ALEXANDRINE.

'Il dit vrai, maman, je l'aimerai quand même. C'est une vocation, ca... qu'est-ce que ça me fait qu'il soit orphelin ?... Il aurait trente-six pères que ça ne le rehausserait pas dans mon estime. — Pour moi, je le trouve bien... Je le trouve beau. Je le trouve superbe, je le trouve hors de pair.

ANSELME.

D'autant plus que les pères ne font pas le bonheur.

OCTAVIE.

Ils aident à la considération.

ALEXANDRINE.

Des bêtises, maman.

OCTAVIE.

J'ai dit... J'ai lancé mon ultimatum : pas de père... pas
de fille !... Je vous donne huit jours pour vous procurer
un répondant paternel... Passé ce laps, si vous n'avez
pas été reconnu par un bipède muni de sa carte d'élec-
teur, je vous interdis mon seuil.

ANSELME.

Vous n'en avez pas le droit, madame !

OCTAVIE.

Ah !... Je n'en ai pas le droit ?

ALEXANDRINE.

Non, maman, c'est un établissement public, ici.

OCTAVIE.

Ma fille !

ALEXANDRINE.

Il peut avoir soif !... Il a le droit de consommer.

ANSELME.

D'autant plus que je paye !

ALEXANDRINE.

Il paye !

OCTAVIE.

Ah ! c'est à se cogner la tête contre le firmament !

SCÈNE V

Les Mêmes, FRANÇOISE.

FRANÇOISE, par la droite, troisième plan.

Madame

OCTAVIE.

Quoi?... qu'est-ce qu'il y a?

FRANÇOISE.

C'est une caisse de liqueurs qui arrive. Faut que vous signiez la feuille !

OCTAVIE.

J'y vais... (A Alexandrine.) Rentrez, mademoiselle, et allez vivement vous préparer pour retourner à votre pensionnat... (Appelant.) Miss Cracfort ! (Miss Cracfort paraît à droite, premier plan.) Emmenez mademoiselle ! (A Alexandrine.) Va !

ALEXANDRINE.

Oui, maman.

OCTAVIE, à Anselme.

Et vous, monsieur...

ANSELME.

Moi, madame, je vais prendre un bock... mademoiselle Fernande... un bock !

FERNANDE.

Boum !

OCTAVIE.

Comme consommateur, je vous respecte... Mais, comme aspirant à la main de ma fille... je vous... je vous... (Elle se retourne et voit Alexandrine qui envoie des baisers à Anselme.) Mais rentrez donc, mademoiselle, votre institutrice vous attend !

ALEXANDRINE.

J'y vais, mon Dieu !

Elle sort par la droite suivie de miss Cracfort. Octavie se retourne et voit Anselme qui, monté sur sa chaise, envoie également des baisers à Alexandrine ; se voyant surpris, il descend comiquement et se trouve assis.

OCTAVIE.

Comme aspirant à la main de ma fille, je vous dis... (A part.) Qu'est-ce que je pourrais donc bien lui dire ?

ANSELME.

Madame...

OCTAVIE.

Flûte !

Elle sort par la droite, troisième plan ; tous rient.

SCÈNE VI

LES MÊMES, moins OCTAVIE et ALEXANDRINE.

ANSELME.

Ah ! c'est comme ça... Eh bien ! nous verrons qui l'emportera !

Il boit son bock.

MARIETTE.

Mon pauvre monsieur Anselme, alors, là, vrai... Vous ne savez pas qui vous a donné le jour ?

ANSELME.

Pas le moins du monde !

MARIETTE.

Eh bien !... ça n'ira pas tout seul... Je connais la patronne... Ce qu'elle est têtue !

ANSELME.

Je le serai autant qu'elle... plus qu'elle!... Ah ! mais, je me monte, à la fin !

MARIETTE.

C'est cela... Eclatez !

ANSELME.

Oui... mais avant d'éclater, je vais voir mon 249e, c'est mon dernier espoir... (*Donnant de l'argent à Mariette.*) Voilà mon bock... A bientôt, mesdemoiselles, et faites des vœux pour que je réussisse. Ah ! mais, j'ai dit que j'allais me monter... Je me monte !

Il sort.

SCÈNE VII

LES MÊMES, moins ANSELME, puis MANIVON.

FERNANDE.

Il est pourtant gentil, ce garçon... Je ne sais pas pourquoi on le tracasse.

MARIETTE.

Si j'étais à sa place...

IRMA.

Qu'est-ce que tu ferais ?

MARIETTE.

Ce que je ferais ?... Ah ! il faudrait bien qu'on me la donne, la fille !

MANIVON, entrant par le fond, à lui-même.

Pristi ! qu'il fait chaud dans ce gueux de Paris.

MARIETTE.

Monsieur désire ?

MANIVON.

Peut-on se rafraîchir, mademoiselle ?

MARIETTE.

A vos ordres, monsieur.

MANIVON.

De la bière, s'il vous plaît.

MARIETTE.

Bien, monsieur.

MANIVON, s'asseyant à la table à gauche.

Je suis rompu, quoi !

MARIETTE.

Voilà votre bock, monsieur.

MANIVON.

Combien est-ce ?

MARIETTE.

Trente centimes... et vous avez le droit de m'en offrir un.

MANIVON.

J'ai ce droit-là... Mais je n'en use pas... Les affaires ne vont pas déjà si bien... Voilà vos trente centimes.

MARIETTE.

Et rien avec ?

MANIVON.

Si... un renseignement... Est-ce que la patronne est visible ?

MARIETTE, à part.

C'est un roublard. (Haut.) Elle était là tout à l'heure ; si vous voulez, je vais l'appeler.

MANIVON.

Non... Ça ne presse pas. J'ai quelques courses à faire dans le quartier, je reviendrai. C'est pour lui faire des offres de service.

MARIETTE.

Vous êtes dans les liquides ?

MANIVON.

Courtier en spiritueux... De passage à Paris, et, entre nous, je voudrais déjà en être loin.

Il se lève.

FERNANDE.

Vous n'aimez pas Paris ?

MANIVON.

Je m'en méfie... Je n'y suis venu qu'une fois, il y a quelque chose comme vingt-trois ans... Et il m'est arrivé une aventure...

MARIETTE.

Contez-nous donc ça.

TOUTES.

Oui ! oui !

MANIVON.

Oh ! je veux bien : C'était la nuit, dans un hôtel. Je crois entrer dans ma chambre, j'ouvre une porte, je... je souffle ma bougie... j'écarte les rideaux du lit et, oh ! là, là... C'est le cri que je poussai. Aussitôt, une voix douce... oh ! mais d'un doux me dit : Chut... pas de bruit. Dame ! Je n'ai plus rien dit, mais voilà qu'au bout d'une heure, on frappe. Ah ! lui ! crie la voix... Crédié ! à ce mot... je me mets derrière la porte... on l'ouvre... je me précipite dans le couloir et j'entends le garçon qui dit : Pardon, madame, je me suis trompé !

TOUTES, riant.

Ah ! ah ! ah ! ah !

MARIETTE.

Et vous êtes rentré dans la chambre ?

MANIVON.

Ah ! non !

TOUTES, riant.

Ah ! ah ! ah ! ah !

MANIVON.

Ça vous fait rire ?

MARIETTE.

Oh ! oui, par exemple !

MANIVON.

Eh bien !... ça ne m'a pas produit le même effet à moi... Et la preuve, c'est qu'au petit jour, je reprenais le train pour retourner chez nous, sans plus chercher à connaître la personne avec qui j'avais... causé... si ce n'est son nom, par exemple, que j'eus la curiosité de demander au maître d'hôtel, en sortant : Qui est-ce qui est au 26 ? C'était le 26. Madame Octavie Gamboulet, qu'il me répond. Octavie Gamboulet ! Ces deux noms sont restés gravés dans mon esprit... Non, voyez-vous, votre Paris... c'est trop grand pour moi.

MARIETTE.

Pourquoi y revenez-vous ?

Elle va au comptoir.

MANIVON.

Faut bien faire quelque chose... J'ai essayé de dix-huit professions, aucune ne m'a réussi. Aujourd'hui, je cherche à placer des liqueurs. Encore un métier pour lequel je ne suis pas taillé. Aussi, je vais me dépêcher de retourner en province... à moins que le hasard me fasse mettre la main sur une bonne position, mais, je n'y compte pas. Là-dessus, je vous salue... Oh! je ne placerai rien... je me connais... je ne suis pas taillé pour ça... mais enfin... je reviendrai.

Il sort par le fond et se heurte à Riboulot qui entrait.

RIBOULOT, tenant un sac de nuit et une canne.

Sacrebleu !... faites donc attention!

MANIVON

Monsieur... je vous fais mes excuses !

Il disparaît.

SCÈNE VIII

LES MÊMES, moins MANIVON, RIBOULOT.

RIBOULOT, criant au fond à Manivon.

A la bonne heure! sans ça... Nom de nom, de nom!... de nom!... (*Tapant avec sa canne sur la table.*) Garçon !

TOUTES

Hein ?

MARIETTE, à part.

Qu'est-ce que c'est que cette tête-là?

RIBOULOT.

Sacrebleu !... Viendra-t-on quand j'appelle ?

MARIETTE.

Monsieur demande ?

RIBOULOT.

Je demande le garçon, mille tonnerres !

MARIETTE.

Il n'y en a pas ici, monsieur !

RIBOULOT.

Pas de garçon !... Répétez un peu... et je chambarde tout !

MARIETTE.

Mais, monsieur, le service est fait par des demoiselles.

RIBOULOT, se calmant.

Par des demoiselles...

MARIETTE.

Les filles de Gambrinus !

RIBOULOT.

Ça ne me fait pas peur. Les dames ne m'effraient pas... au contraire... Et la preuve... c'est que je viens exprès à Paris pour en chercher une.

ZOÉ.

Monsieur veut se marier ?

RIBOULOT.

Non... je le suis.

MARIETTE.

Vous en avez bien l'air.

RIBOULOT.

Hein ?... Qu'est-ce que c'est ?

MARIETTE.

Une réflexion.

RIBOULOT.

Pas de réflexion, sacrebleu !

MARIETTE.

Le vermouth de monsieur !

RIBOULOT.

Un vermouth !... quoi ?... quel vermouth ? Est-ce que j'ai demandé un vermouth ?

MARIETTE.

Non, monsieur.

RIBOULOT.

Alors, pourquoi me le servez-vous ?

MARIETTE.

Pour vous être agréable !

RIBOULOT.

La réponse me plaît. Je le garde. Vous êtes gentille, vous.

MARIETTE.

Monsieur est trop bon.

RIBOULOT.

Je le sais bien. C'est mon côté faible ; gracieux avec les femmes, moi.

MARIETTE.

Et où est-elle, la vôtre ?.

RIBOULOT.

Je n'en sais encore rien. On doit me le dire dans le bureau de renseignements commerciaux d'à côté. Mais il est fermé, j'irai tout à l'heure, quand il sera ouvert. (Donnant son sac de nuit à Mariette.) Tenez... casez-moi ça... et prenez-y bien garde !... C'est un sac rempli d'artifices.

MARIETTE.

Un sac à malice alors.

Elle porte le sac de nuit à côté du comptoir.

RIBOULOT, donnant un coup de canne sur la table devant laquelle le troisième consommateur semble dormir.

Eh bien !... voyons... on dort ici !

LE CONSOMMATEUR, l'air rêveur.

Monsieur ?...

RIBOULOT.

Vous avez l'air triste, sacrebleu !... Ça me déplaît.

LE CONSOMMATEUR.

Je pense à...

RIBOULOT, s'asseyant.

A une femme, n'est-ce pas ?

LE CONSOMMATEUR.

Oh! mais, pour le bon motif!

RIBOULOT.

Le motif n'est jamais bon dans ces affaires-là!... Tenez, sacrebleu!... Moi, je me marie, n'est-ce pas? Je le suis depuis vingt ans et, quoique bonasse, quoique moins dégourdi qu'aujourd'hui, car j'ai vécu depuis...

LE CONSOMMATEUR.

Cela se voit...

RIBOULOT.

J'étais dans les liquides; maintenant, je suis dans les artifices... ça m'a changé du tout au tout... Mais là n'est pas la question, sacrebleu! (A Mariette qui lui apporte son vermouth.) Prenez quelque chose.

MARIETTE.

Volontiers, monsieur!

Elle va au comptoir, se sert une consommation, l'apporte sur la table où se trouvent Riboulot et le troisième consommateur, et s'assied.

RIBOULOT.

Je vous disais donc qu'en me mariant, j'avais laissé derrière moi une ancienne connaissance. Qui est-ce qui ne laisse pas une ancienne connaissance dans ces occasions-là?... les merles blancs... et moi, j'ai toujours été un merle noir... sacrebleu!... D'autant plus que ce sont les anciennes connaissances qui font les bons maris.

LE CONSOMMATEUR.

Vous croyez?

RIBOULOT.

J'en suis sûr, mille tonnerres! — Après huit jours de ménage... cré nom!... ma particulière me relance et me menace d'un esclandre si je ne vais pas liquider la situation... Je ne dis rien chez moi. Faut jamais rien dire chez soi... et je file... La liquidation demande du temps. Entre nous, je dois dire que j'ai liquidé d'une façon exagérée.

LE CONSOMMATEUR.

Puisque vous étiez dans les liquides...

RIBOULOT.

C'est pour dire ça que vous m'avez interrompu ?... Ce n'était pas la peine. Enfin, je découche, quoi, et, un mois après, quand je retourne à l'hôtel, rue de la Fidélité, plus de légitime... Se croyant abandonnée, elle avait fait ses paquets. Un express quelconque l'avait emmenée... où ?... Je n'ai jamais pu le savoir.

LE CONSOMMATEUR.

Tout ça... ça m'est égal...

RIBOULOT.

Je le sais bien, sacrebleu !... Mais, c'est pour vous prouver que tout se cicatrise. Je me suis habitué à vivre seul, quoique marié, et je ne m'en suis pas plus mal porté.

MARIETTE.

Eh bien !... Pourquoi recherchez-vous votre femme ?

RIBOULOT.

Parce qu'elle-même m'a fait rechercher par l'agent d'à côté pour savoir si j'étais mort. Et je tiens à lui prouver que je suis vivant... bon vivant, sacrebleu ! Je profiterai de l'occasion pour lui expliquer mons absence...

FERNANDE.

A votre manière...

RIBOULOT.

Peut-être bien ..

LE CONSOMMATEUR, à Mariette.

Tenez, mademoiselle, voilà ma consommation.

RIBOULOT.

Du tout !... Du tout !... Mille noms de nom ! c'est moi qui régale.

LE CONSOMMATEUR.

Trop aimable, monsieur.

RIBOULOT.

Et à une autre fois, sacrebleu !... Si nous nous revoyons jamais.

LE CONSOMMATEUR.

Je l'espère, et je le désire... (Il salue.) Monsieur...

Il sort.

2

SCÈNE IX

Les Mêmes, moins LE CONSOMMATEUR.

RIBOULOT.

Il est charmant, ce bonhomme-là... Il est d'une gaîté !...
(Goûtant son vermouth.) Sacrebleu !... qu'est-ce que vous
m'avez fichu là ?

MARIETTE.

Du vermouth !

RIBOULOT.

Enlevez-moi ça... nom de nom !

MARIETTE.

Prenez autre chose... pour trinquer avec moi !

RIBOULOT.

Tout de même.

MARIETTE.

Une chartreuse ?

RIBOULOT.

Regardez-moi donc bien, jeunes filles, est-ce que j'ai la
tête d'un homme qui boit des liqueurs monastiques ?
allons donc !... c'est peut-être aujourd'hui que j'enterre
mon veuvage. Je veux l'enterrer gaîment !... (Criant.) Du
champagne !

TOUTES.

Du champagne ?

RIBOULOT.

Et des verres pour tout le monde !... Je vous invite mes
petites chattes.

IRMA.

Ses petites chattes... Il est superbe !

ZOÉ.

Adorable !

FERNANDE.

C'est une rondeur !

MARIETTE.

Le champagne demandé !

RIBOULOT.

Bravo, mille tonnerres !... Et ne buvons pas ça bête-
ment... Qui est celle de vous qui roucoule le mieux ?

FERNANDE.

C'est Mariette !

TOUTES.

Oui... oui... Mariette !

RIBOULOT, à Mariette.

Ah ! c'est vous Mariette ?

MARIETTE.

Pour vous servir.

RIBOULOT.

Je ne dis pas non... Allons, sacrebleu !... Enlevez-nous
ça... et que ça résonne !

MARIETTE.

Allons-y !

COUPLETS.

Air: Chanson à boire des Boussigneul.

I

Voyez ce nectar qui pétille,
Et qui nous charme malgré nous,
A travers le cristal qui brille,
Il promet des instants bien doux.
Jusqu'au bord, emplissez la coupe,
Versez et buvez tour à tour,
Approchez-vous, gentille troupe,
C'est le breuvage de l'amour !
Buvons !

TOUS.
Buvons !

MARIETTE.
Chantons !

TOUS.
Chantons !

MARIETTE.
Que la gaîté nous accompagne,
Buvons et chantons tour à tour,
Le bonheur est dans le champagne,
C'est lui qui fait croire à l'amour !

REPRISE EN CHŒUR.

Que la gaîté..
      Etc....

MARIETTE.

II

Ce nectar, qui s'échappe et mousse,
Chasse loin de nous les soucis,
Sans éprouver une secousse,
Il nous conduit au paradis.
Ce n'est pas un breuvage bête,
Qui se dérobe, mes amis,
Lui bravement frappe à la tête,
Surtout à celle des maris !
      Buvons !

TOUS.

Buvons !

MARIETTE.

Chantons !

TOUS.

Chantons !

MARIETTE.

Que la gaîté nous accompagne,
Buvons et chantons tour à tour,
Le bonheur est dans le champagne,
C'est lui qui fait croire à l'amour.

REPRISE EN CHŒUR.

Que la gaîté,
      Etc...

RIBOULOT.

Sacrebleu !... Ça m'électrise... je suis électrisé !

Il veut les embrasser.

TOUTES, se dégageant.

Ah ! mais non !

RIBOULOT.

On refuse un bécot ?

MARIETTE, riant.

Ah! ah! Il est drôle!

RIBOULET.

Je suis comme ça moi!

SCÈNE X

Les Mêmes, FRANÇOISE.

FRANÇOISE, paraissant à droite.

Mesdemoiselles... Le déjeuner est servi!

TOUTES.

Ah!

MARIETTE.

Qui est-ce qui est de garde?

FRANÇOISE.

Personne... madame a dit qu'elle allait venir!

Elle sort.

FERNANDE, à Riboulot.

C'est huit francs, monsieur!

RIBOULOT.

Quoi?

FERNANDE.

La bouteille de champagne,... votre vermouth, le bock du monsieur...

MARIETTE.

Et ma consommation.

RIBOULOT.

En voilà dix... Le reste est pour vous.

TOUTES, saluant.

Monsieur!

RIBOULOT.

Allez, mes amours, allez!

MARIETTE.

Eh bien!... j'aimerais un mari comme ça, moi!

2.

REPRISE.

Que la gaîté nous accompagne...
Etc... etc... etc...

Elles sortent par la droite troisième plan.

SCÈNE XI

RIBOULOT, puis MANIVON.

Mille tonnerres !... Elles sont croustillantes, ces petites-là... seulement... n, i, ni, fini !... C'est ma légitime qu'il me faut !... (Tirant sa montre.) Midi trois quarts, l'agent doit être revenu. Je retourne connaître ma destinée. Je ne sais pas si c'est le champagne ou l'appréhension... mais je suis tout ému. (Il va pour sortir et se heurte à Manivon qui entre.) Sacrebleu !... Faites donc attention !

MANIVON.
Monsieur... je vous fais mes excuses...

RIBOULOT.
A la bonne heure !... Sans ça... nom de nom de nom !

Il sort.

SCÈNE XII

MANIVON, puis OCTAVIE.

MANIVON.
Il me fait peur ce monsieur... il a l'air terrible.

OCTAVIE, entrant par la droite, troisième plan, à elle-même.
Là, ma fille est remballée pour son pensionnat sous l'œil vigilant de miss Cracfort ! Non !... jamais, jamais, jamais, on n'a bâti une fille aussi rétive... (Voyant Manivon.) Ah ! le monsieur au champagne dont ces demoiselles viennent de me parler... (Saluant.) Monsieur !

Elle est allée au comptoir.

MANIVON.

Madame !... (A part.) Tâchons d'être éloquent !... (Haut.)
Madame, je suis représentant d'une maison de liquides.
et...

OCTAVIE, voyant le sac de nuit de Riboulot.

Son sac de nuit... (Lisant l'étiquette collée dessus.) Anatole
Riboulot !... (Elle vient en scène.) Ana... (S'évanouissant.) Ah !...

MANIVON, courant à elle et la soutenant.

MANIVON.

Eh bien !... eh bien !... qu'est-ce qu'il y a ?

OCTAVIE, se redressant tout à coup.

Toi !... (Elle lui applique un vigoureux soufflet.) Tiens !

MANIVON.

Oh !

OCTAVIE.

Ah !... ça soulage !

MANIVON.

Sapristi !... Pour une gifle... c'en est une !

OCTAVIE, marchant sur lui.

Brigand, misérable ! chenapan !... Ah ! tu m'as abandonnée !

MANIVON, tournant, effrayé, autour de la table à droite, et pas-
sant au n° 1.

Hein ?

OCTAVIE, le suivant.

A l'hôtel !

MANIVON, à part.

A l'hôtel ?... sapristi !... c'est la dame de mon aventure !

OCTAVIE, marchant toujours sur lui.

J'ai pris des renseignements sur toi...

MANIVON, se reculant.

Et vous avez découvert ?

OCTAVIE.

Tout !.... (Manivon se blottit au comptoir.) Touche pas à la
caisse !

MANIVON.

Je n'y touche pas !

OCTAVIE.

Descends !

MANIVON.

Oui ! Je veux bien descendre ! Mais reculez-vous !

OCTAVIE.

Descends !

MANIVON.

Me voilà ! Ecoutez ! je vais m'excuser...

OCTAVIE, levant la main.

Tais-toi, ou je recommence !

MANIVON.

Ah ! mais non !... (A part.) Elle est féroce !

OCTAVIE.

Je m'étais juré, foi d'Octavie, de t'arracher les yeux !...

MANIVON, à part.

Octavie... c'est bien elle !

OCTAVIE.

Et je ne sais qui me retient de...

MANIVON.

Eh ! là-bas, minute !

OCTAVIE.

Au fait, tu as raison... tu n'en vaux pas la peine.

MANIVON.

Oh ! certainement, allez... je n'en vaux pas la... (A part.)
Si je pouvais filer.

Il cherche à gagner la porte.

OCTAVIE, bondissant devant lui.

Reste là !

MANIVON, tremblant.

Oui... oui... (A part.) Je ne suis pas rassuré du tout.

OCTAVIE.

Qu'as-tu fait, monstre, pendant ces longues années ?

MANIVON.

Dame, vous savez, j'ai placé des liqueurs.

OCTAVIE.

Toujours courtier en spiritueux ?

MANIVON.

Toujours, et vous?

OCTAVIE.

Vous?... Tu me dis, vous?

Elle lève la main.

MANIVON, *tombant assis sur la chaise devant la table à gauche et se garant la figure.*

Non! Je veux bien vous tutoyer. (Riant.) Au fait. J'en ai le droit...

OCTAVIE.

Hélas!

MANIVON,

Et... et toi, qu'as... qu'as... qu'as-tu fait?

OCTAVIE.

J'ai fait fortune...

MANIVON.

Hein?

OCTAVIE.

Trois cent mille francs!... gagnés honorablement... (Chantant.) Combien de femmes dans le monde... (Parlé.) Et qui ne doivent rien à... a...

Elle chancelle.

MANIVON, à part.

Elle flageolle!

OCTAVIE.

Je m'affaisse... une suffocation... c'est la réaction qui s'opère. Anatole!...

MANIVON, à part.

Pourquoi m'appelle-t-elle Anatole?

OCTAVIE.

Soutiens-moi.

MANIVON, la soutenant.

Oui... oui...

OCTAVIE.

Ah! le cœur!

MANIVON, à part.

Elle a une maladie de cœur!

SCÈNE XIII

Les Mêmes, UN CONSOMMATEUR.

LE CONSOMMATEUR, au fond.

Un bock !

OCTAVIE, se redressant.

Voilà !... voilà !...

MANIVON, ahuri.

Hein ?

OCTAVIE.

L'habitude !

Elle va servir un bock.

MANIVON.

Ah ! oui... l'habitude !... (A lui-même.) Sapristi... Mais je
bénis mon aventure, moi. — En voilà une belle position...
Trois cent mille francs ! Je ne la rate pas. Mais comment
a-t-elle pu savoir... ? Ah ! pardine ! comme moi... par le
maître de l'hôtel.

OCTAVIE, revenant à lui.

Je n'ai plus la force de t'en vouloir.

MANIVON, à part.

Avec ça qu'elle n'est pas mal. (Haut.) Tu as raison, faut
pas m'en vouloir.

OCTAVIE, le regardant attentivement.

Il me semble que tu t'es tassé.

MANIVON.

Oui... oui... j'étais plus grand... maintenant, je suis
plus large...

OCTAVIE.

Dois-je te rouvrir mes bras ?

MANIVON.

Dame, ça me fera plaisir.

Le consommateur frappe sur la table.

OCTAVIE.

Attends... trente centimes à recevoir.

Elle va au consommateur.

MANIVON, à lui-même.

C'est-à-dire que je me demande si je suis bien éveillé. Ce que je ne m'explique pas, par exemple, c'est qu'elle m'ait reconnu sans m'avoir jamais vu. Après tout, ça m'est égal, je ne cherche pas à comprendre... Je me laisse faire.

Le consommateur sort.

SCÈNE XIV

MANIVON, OCTAVIE.

OCTAVIE, revenant.

Reseuls !

MANIVON.

Oui.

OCTAVIE.

Ah ! que les femmes sont faibles, (L'embrassant avec frénésie.) Tiens ! tiens ! tiens !

MANIVON, à part.

Cristi, c'est de la rage ! (Haut.) Mais...

OCTAVIE.

Non... Tais-toi !... Ne parlons plus de rien !.. Tu réintègres. Je n'en demande pas davantage.

MANIVON, à part.

J'aime autant ça.

OCTAVIE.

A présent que nous nous sommes suffisamment épanchés, attends que je te présente.

MANIVON.

A qui ?

OCTAVIE.

A mon personnel.

MANIVON, à part.

Elle a un personnel ?

OCTAVIE.

Tu vas voir ça !... (Allant à droite et appelant.) Mesdemoiselles !... Mesdemoiselles !

SCÈNE XV

LES MÊMES, MARIETTE, FERNANDE IRMA, ZOÉ, LES AUTRES DEMOISELLES.

MARIETTE.

Qu'est-ce qu'il y a, patronne?

OCTAVIE.

Approchez, mesdemoiselles, formez cercle et regardez mon geste... (Désignant Manivon.) Je vous présente votre patron.

TOUTES.

Ah !

MARIETTE, bas, aux autres.

C'est le courtier en spiritueux.

OCTAVIE.

Je l'avais perdu... Je le retrouve... Réjouissez-vous !

TOUTES.

Vive le patron !

MANIVON, à part.

Il n'y a pas à dire... Je le suis !... Ca y est ! (Haut.) Mesdemoiselles !..

Les demoiselles remontent.

OCTAVIE.

Mariette, je vous confie la garde de l'établissement. Pour fêter son retour, on va tuer le veau gras. Je veux que la brise embaumée du printemps qui s'avance, fouette nos deux visages.

MANIVON, à part.

Qu'est-ce qu'elle parle de fouetter ?

OCTAVIE.

Nous allons dîner ensemble.

MANIVON.

C'est donc vrai, tu m'aimes ?

OCTAVIE.

Je t'emmène... à la campagne... à Vincennes, aux Trois Canons !

MANIVON.

Aux Trois Canons...

OCTAVIE.

Et demain, tu verras ta fille.

MANIVON.

Ma fille ?

OCTAVIE.

Notre fille ! Au fait, c'est vrai, tu l'ignorais, tu es père.

MANIVON, à part.

Ah bah!

OCTAVIE.

Le ciel a fécondé notre union. Bref, Alexandrine est venue au monde.

MANIVON, à part.

Une fille!.. Une femme !...

OCTAVIE.

Je cours à son pensionnat lui annoncer cette heureuse
nouvelle... Prends un fiacre... Fais-toi conduire aux Trois
Canons. Je ne tarderai pas à t'y rejoindre... (A Fernande.)
Fernande, mon chapeau, mes gants, là, dans ma chambre.

FERNANDE.

Oui, madame.

Elle sort à droite.

OCTAVIE.

Vite... vite... (A Manivon.) Allons, va!

MANIVON.

Oui... Mais...

OCTAVIE.

Hâte-toi. Il me tarde de respirer librement.

MANIVON.

Cependant...

OCTAVIE.

Tu me diras ça là-bas... N'oublie pas... aux Trois Canons. Commande le dîner... Va ! Mais va donc !

MANIVON.

J'y cours, ô mon Octavie !

Il sort.

3

SCÈNE XVI

LES MÊMES, moins MANIVON.

OCTAVIE.

Ouf!... C'est lourd à porter, le bonheur. Car je suis heureuse... Oui.... le pardon est entré dans mon cœur.

FERNANDE, revenant avec les gants et le chapeau d'Octavie.

Voilà, madame.

OCTAVIE.

C'est bien... (Tout en se coiffant et en mettant ses gants.) Mesdemoiselles, n'oubliez pas que je me repose entièrement sur vous. De la célérité dans le service et de l'intégrité dans vos comptes.

TOUTES.

Oh! madame !

OCTAVIE.

Oui... oui... Je sais... Je sais... Je puis avoir pleine et entière confiance en vous. (Elle ferme le tiroir du comptoir et met la clef dans sa poche.) Seulement, quelquefois, on vous filoute vos jetons... Ouvrez l'œil... Les deux au besoin.

MARIETTE.

Soyez tranquille, madame.

OCTAVIE.

Je pars... Il se peut que je rentre tard... ou de bonne heure.. demain matin; vous fermerez à deux heures, après la choucroûte et la soupe à l'oignon. Je ne laisse rien en litige? non... Au revoir, mes enfants ! (Du fond.) Ouvrez l'œil et ne le faites à personne !.. Pas de crédit !

Elle sort par le fond.

SCÈNE XVII

LES MÊMES, moins OCTAVIE, puis FRANÇOISE et RIBOULOT.

MARIETTE.

Eh bien!.. En voilà une drôle d'histoire !

FERNANDE.

C'est qu'elle a l'air d'en tenir, la patronne !

FRANÇOISE, montrant sa tête à droite.

Est-ce qu'elle est partie?

IRMA.

Qui?

FRANÇOISE.

Madame !

ZOÉ.

Oui !

FRANÇOISE.

Alors, on peut se la couler !

MARIETTE.

Elle a raison... Coulons-nous la en douceur !

TOUTES.

Oui... oui!

RIBOULOT, entrant.

Sacrebleu de sacrebleu !

MARIETTE.

Qu'est-ce qu'il y a?

RIBOULOT.

L'agence n'ouvrira plus que demain.

MARIETTE.

Quelle agence?

RIBOULOT.

Celle d'à côté. L'agent a envoyé dire à la concierge qu'il se la brisait pendant vingt-quatre heures. Néanmoins, il a eu la condescendance de laisser un mot pour moi. (Lisant un papier.) « Mon commis a ordre d'envoyer » à Vincennes par lettre ou par télégramme, les rensei- » gnements promis. » Nom de nom ! faut pas être pressé avec ces gens-là ! (A Mariette.) Où avez-vous mis mon sac?

MARIETTE.

On va vous le donner.

RIBOULOT.

Ah çà !... Il n'y a donc jamais de patronne ici?

FERNANDE.

Madame vient de faire comme votre agent, elle vient de se la briser.

RIBOULOT.

Ah! bah!

IRMA.

Oui, elle est partie dîner à la campagne.

ZOÉ.

Et nous, nous turbinons!

RIBOULOT.

Turbiner?... Jamais!... Puisque votre bourgeoise est sortie, je vous propose de fermer la boutique et de me suivre.

MARIETTE.

Mais...

RIBOULOT.

Il n'y a pas de mais!.. Demain, j'enterre ma vie de garçon. Je fais la noce pour la dernière fois et c'est moi qui la paye.

MARIETTE.

Mais la recette de la journée?

RIBOULOT.

Je m'en charge également. Voilà cent francs, mettez-les dans la caisse. Votre bourgeoise sera enchantée!

TOUTES.

Ça va!

Pendant ce qui suit, des demoiselles sont entrées à droite et ont apporté avec leurs vêtements et leurs chapeaux ceux de leurs compagnes. Toutes enlèvent leurs tabliers et leurs sacoches et s'habillent devant les glaces.

FRANÇOISE.

J'en suis t'y moi?

MARIETTE.

Eh bien! qui est-ce qui garderait la maison?

RIBOULOT.

Elle a raison! Les bonnes à la cuisine! Mais, avant, va fermer la boîte!

FRANÇOISE.

Oh! bien! C'est pas drôle!

Elle sort avec Mariette et on les voit mettre les volets à la devanture.

RIBOULOT.

Et on va rire, mes petites chattes, c'est moi qui vous le
dis !... (A part.) Après tout, il n'y a pas de mal. On peut
offrir à dîner à des demoiselles sans que pour ça... Et
puis, j'aime la jeunesse, moi !. (Criant.) Y sommes-nous ?

TOUTES.

Nous y sommes !

FRANÇOISE, revenant avec Mariette.

Les volets sont posés.

MARIETTE.

Et j'ai écrit dessus à la craie. « Fermé pour cause de
ballade ! »

RIBOULOT.

Alors, en avant !

TOUTES.

En avant !

CHŒUR.

Vite en campagne, allons, partons,
Là nous rirons,
Nous dînerons,
Nous chanterons
Nous festoierons,
Et nous boirons,
Puis, après ça nous danserons !

RIBOULOT.

En avant, dans un'tapissière,
A la Bastill'nous nous rendrons,
Et sans faire plus de mystère,
Dans un wagon nous monterons,
Et nous ne nous arrêterons
Qu'à l'endroit où nous dînerons.

REPRISE.

Vite en campagne, allons, partons,
Etc., etc.

Tous s'apprêtent à partir en dansant et en chantant.

Rideau.

ACTE DEUXIÈME

A Vincennes. — Le jardin d'un restaurant. — Au fond, face au public, cabinets particuliers. — A droite, premier plan, chassis d'arbres, deuxième plan, le restaurant. — A gauche, des bosquets se perdant dans la coulisse.

———

SCÈNE PREMIÈRE

VICTOR, puis GAMBOULET.

Au lever du rideau on entend crier.

Garçon!... garçon!...

VICTOR, en scène.

Voilà!... voilà!

GAMBOULET, entrant par le restaurant à droite, il a une barbe.

Ah! Victor!

VICTOR.

Patron?

GAMBOULET.

Regarde-moi!

VICTOR.

Je vous regarde, patron!... Ah! quelle barbe!

GAMBOULET.

Ça me change, hein?

VICTOR.

Ah! je crois bien! Vous avez l'air d'un hérisson!

GAMBOULET, ôtant sa barbe.

Et maintenant?

VICTOR.

Ah! maintenant, vous avez votre air de tous les jours!

GAMBOULET.

C'est tout ce que je voulais savoir.

UNE VOIX.

Garçon! garçon!

GAMBOULET.

Va, Victor, et soigne bien mes clients!

VICTOR, à part.

Pourquoi a-t-il mis une barbe?... (Criant.) Voilà! voilà!

Il sort par la gauche.

SCÈNE II

GAMBOULET, puis MANIVON.

GAMBOULET.

Le tout est de ne pas se faire pincer!... Mon enseigne porte... aux Trois Canons... et rien de plus... Pas de nom sur ma devanture... pas même sur mes imprimés!... Tout va bien!

MANIVON, qui est entré par la gauche troisième plan, apercevant Gamboulet.

Ah!

GAMBOULET, à lui-même.

Un client!... Prenons mon air enjoué.

MANIVON.

C'est vous qui êtes le patron, monsieur?

GAMBOULET.

Oui, monsieur, oui, oui! Tout va bien!... Tout va bien! tout va bien!

Il remonte.

MANIVON.

Hein? quoi? il s'en va! (Haut.) Mais, monsieur...

GAMBOULET.

Vous avez à me parler?... Parfait! parfait! parfait! que diable! Vous n'articulez pas. Qu'y a-t-il pour votre service?

MANIVON.

Voilà! je voudrais un diner pour deux personnes de différent sexe.

GAMBOULET.

Eh! eh! mon gaillard!

Il lui tape sur le ventre.

MANIVON.

Ah! mais...

GAMBOULET.

Tout va bien! tout va bien! tout va bien!

MANIVON.

Sachez, monsieur, que c'est un diner honnête que je...

GAMBOULET.

Ne dites donc pas de ces choses-là!

MANIVON.

Si, monsieur, je le dis!

GAMBOULET.

Tant pis pour vous! En ce cas, je vois ce qu'il vous faut. Pour les diners honnêtes, nous avons le veau aux épinards et les haricots verts.

MANIVON.

Oui! ça, c'est pas mal.

GAMBOULET.

Parbleu! Tout va bien! tout va bien!... tout va bien!

MANIVON, à part.

Est-il agaçant!

GAMBOULET.

Ah! seulement, vous savez...

MANIVON.

Quoi?

GAMBOULET.

Ne me demandez pas de poisson! la marée est en retard. J'attends, avec la plus vive impatience, un télégramme qui doit m'annoncer sa venue.

MANIVON.

Je ne vous en demande pas!

GAMBOULET.

Ça tombe à merveille!... Ah! j'oubliais... votre dîner...

MANIVON.

Eh bien?... Mon dîner?...

GAMBOULET.

A air libre ou à air comprimé?

MANIVON.

S'il vous plait?

GAMBOULET.

Je vous demande si vous préférez le jardin au salon, ou le salon au jardin?

MANIVON.

Ah! bien! bon! je comprends : à air libre!

GAMBOULET.

A la face du ciel! Vous l'avez dit : Amours honnêtes! amours sublimes!

MANIVON, à part.

Ah! mais! il m'embête!

GAMBOULET.

On va vous servir ça... Bosquet numéro 15... là-bas!

Il désigne la gauche.

MANIVON.

·Oh! ne vous pressez pas. La personne qui doit dîner avec moi n'est pas encore arrivée et même, si elle se présentait et qu'elle vous demande M. Manivon, vous saurez que Manivon, c'est moi!

GAMBOULET, naturellement.

Ah! Manivon, c'est vous.

MANIVON.

De père en fils, oui, monsieur! (A lui-même par réflexion.) Tiens, au fait, je ne lui ai pas encore [dit mon nom à ma conquête! (A Gamboulet.) Elle, c'est madame Octavie Fignolard.

GAMBOULET.

Hein?

3.

MANIVON.

Quoi?

GAMBOULET.

Rien... (A part.) Ma femme! ma femme! ici?

MANIVON, se dirigeant vers la gauche.

Je vais faire un tour dans le jardin en l'attendant. (Gamboulet a sorti vivement sa fausse barbe de sa poche et un chapeau mou. Il s'applique la barbe, se coiffe du chapeau et s'assied à droite, Manivon se retourne.) Il est bien entendu que vous me l'enverrez et que... (Regardant de tous côtés.) Tiens! il est parti! (Saluant.) Monsieur!

GAMBOULET, déguisant sa voix.

Monsieur!

MANIVON, à part.

C'est une boîte à surprise que ce restaurant!

Il sort par la gauche.

SCÈNE III

GAMBOULET, puis LA VOIX DE RIBOULOT et VICTOR.

GAMBOULET.

Mon truc... il réussit... ça me rassure... mais elle peut me reconnaître quand même... la voix... la démarche... le... la... que sais-je?... Tous mes amis me disent chaque fois qu'ils me rencontrent : C'est drôle, Gamboulet, tu ne changes pas!... que faire?... que devenir?... (Rires de femmes à droite.) Qu'est-ce que cela?

RIBOULOT, dans la coulisse.

Allez, sacrebleu!... Allez!... je vous suis!

GAMBOULET, à lui-même.

Riboulot... mon ami, mon véritable ami! Oui! c'est le ciel qui l'envoie. Il me tirera de là, lui!

Rires plus rapprochés.

VICTOR, qui vient d'entrer et qui regarde à gauche, troisième plan.

Tiens! Un pensionnat de demoiselles qui nous arrive!

GAMBOULET, à lui-même.

C'est cela ! Dissimulons-nous, jusqu'à ce que je trouve
l'occasion de parler à Riboulot.

Il sort par la droite.

SCÈNE IV

VICTOR, MARIETTE, FERNANDE, IRMA, ZOÉ,
DEMOISELLES.

MARIETTE.

Nous y voilà !

VICTOR.

Ces demoiselles désirent ?...

FERNANDE.

Tout à l'heure ! Nous avons le temps !

VICTOR.

Bien !

Il remonte.

MARIETTE.

COUPLETS

Air : En r'venant d'Suresnes.

I

La campagne me ravigote,
Je n'sais pas si vous êt's comm'moi,
De dîner au grand air ça m'botte,
Ça vaut mieux que d'rester chez soi !
Pas de pose, pas d'étiquette,
D'la bonne humeur et de l'entrain ;
Et l'soir, quand vous r'montez dans l'train,
Vous entonnez la chansonnette :
　J'avais mon pompon
　En r'venant d' Vincennes,
　En r'venant d' Vincennes
　J'avais mon pompon !
　Ah ! ah ! ah ! ah !

II

Ici, l'on peut s'mettre à son aise,
L'œil enflammé, les ch'veux au vent ;
Le teint rouge comme une fraise
Et le regard vif et brillant !
On peut, car la chose est admise,
Desserrer son corset d'un cran,
Pour entonner avec élan,
Ce refrain qui vous électrise :
    J'avais mon pompon
    En r'venant d' Vincennes,
    En r'venant d' Vincennes
    J'avais mon pompon !
      Ah ! ah ! ah ! ah !

REPRISE EN CHŒUR.

SCÈNE V

LES MÊMES, RIBOULOT.

RIBOULOT.

On est gai ? Très bien ! Ça va ronfler !

MARIETTE.

Ah çà ! d'où venez-vous donc ?

RIBOULOT.

Curieuse ! Après ça, tu es ma sultane, je peux m'ouvrir à toi. Je viens de prévenir mon employé qu'il ait à m'envoyer ici, le télégramme que j'attends de l'agence des renseignements commerciaux. Et maintenant, mes amours, tout à vous !

TOUTES.

Bravo ! bravo !

RIBOULOT.

Nous allons commander le dîner !

TOUTES.

Oui !... oui !

RIBOULOT, appelant.

Garçon !

TOUTES.

Garçon ! garçon !

VICTOR, accourant.

Voilà ! voilà !

RIBOULOT.

Ah! ah! c'est toi, Victor! Où est ton patron ?

VICTOR.

Le patron... il est par là !

Il désigne la droite.

RIBOULOT.

Qu'est-ce qu'il fait ?

VICTOR.

Il s'embête.

RIBOULOT.

Hein ?

VICTOR.

Il vous racontera ça lui-même. Qu'est-ce qu'il faut vous servir ?

RIBOULOT.

Un Balthazar digne des temps antiques !

MARIETTE.

De l'homard !

FERNANDE.

Des écrevisses!

IRMA.

Des soles au gratin !

ZOÉ.

Des merlans au vin blanc !

VICTOR.

Pas de poisson ! La marée est en retard ! Le patron l'attend avec impatience.

TOUTES, désappointées.

Ah !

VICTOR.

Du reste, voici la carte.

RIBOULOT.

Silence dans les rangs, et laissez-moi faire ! Attention !

Il lit la carte.

COUPLETS

I

Potage aux pâtes d'Italie,
Arrosé de vrai malaga.

TOUTES.

Ça nous va !

RIBOULOT.

Puis la fine charcuterie,
Sur la table s'étalera !

TOUTES.

Ça nous va !

RIBOULOT.

Un morceau de bœuf dans la tranche,
Que ce n'soit ni maigre ni gras.

TOUTES.

Ça nous va !

RIBOULOT.

Puis des asperg's à la sauc'blanche,
Et d'la salade aux ananas.

TOUTES.

Ça nous va !

RIBOULOT.

Voilà comme j'entends la table,
Et lorsque l'on veut rigoler,
Il faut qu'un r'pas soit délectable
Ou sinon faut pas s'en mêler !

REPRISE EN CHŒUR.

Voilà comme il entend la table,
Et lorsque l'on veut rigoler,
Il faut qu'un r'pas soit délectable,
Ou sinon faut pas s'en mêler !

RIBOULOT, à Victor.

Va ! fiston !

VICTOR.

Boum !

Il sort.

MARIETTE.

II

Après, au bal de l'Idalie,
Bras dessus, bras d'ssous, l'on ira.

TOUTES.

Ça nous va !

FERNANDE.

Nous danserons 'avec furie,
Valses, polkas, et cætera !

TOUTES.

Ça nous va !

MARIETTE.

Pas de morale trop sévère,
En s'lançant dans les entrechats.

TOUTES.

Ça nous va !

MARIETTE.

Au cipal on dit : mon p'tit père,
Baiss'les yeux et ne r'garde pas !

TOUTES.

Ça nous va !

MARIETTE.

Voilà, voilà comme on s'amuse,
Et lorsque que l'on veut rigoler,
Du plaisir il faut que l'on use,
Ou sinon faut pas s'en mêler !

REPRISE EN CHŒUR

Voilà, voilà comme on s'amuse,
Et lorsque l'on veut rigoler,
Du plaisir il faut que l'on use,
Ou sinon faut pas s'en mêler !

Elles dansent avec Riboulot.

TOUTES.

Bravo ! bravo !

RIBOULOT.

A présent, mes petites chattes, débarrassez-vous de
vos chapeaux, de vos vêtements, de vos...

TOUTES.

Hein ?

RIBOULOT.

Non ! C'est tout ! Et dispersez-vous à droite et à gauche ! Jouissez de l'air pur que l'on respire à Vincennes. Il y a des artilleurs qui vous montreront le polygone. C'est instructif ! Ça forme la jeunesse ! En un mot, liberté pleine et entière !

MARIETTE.

Voulez-vous que je vous dise ?

RIBOULOT.

Dites !

MARIETTE.

Eh bien ! vous m'allez rudement, vous !

FERNANDE.

Et à moi aussi !

TOUTES.

Et à moi aussi !

RIBOULOT.

J'ai toujours été à toutes les femmes. Je suis un passe-partout.

MARIETTE.

Vive monsieur Passe-Partout !

RIBOULOT.

Eh bien ! sacrebleu ! ça fait plaisir de s'entendre acclamer comme ça !

MARIETTE.

Allons, mesdemoiselles ! En avant !

TOUTES.

En avant !

REPRISE.

Voilà, voilà comme on s'amuse,
Et lorsque l'on veut rigoler,
Du plaisir il faut que l'on use,
Ou sinon faut pas s'en mêler !

Elles sortent par la gauche, troisième plan.

SCÈNE VI

RIBOULOT, puis GAMBOULET.

RIBOULOT.

Sacrebleu !... c'est extravagant ce que je fais là ! mais bah ! j'aime la jeunesse, moi !...Ça me regaillardit !... Ça me...

GAMBOULET, par le premier plan de droite, il a sa fausse barbe mystérieusement.

Riboulot !

RIBOULOT.

Hein !... quoi ?

GAMBOULET.

Par ici !

RIBOULOT

Qu'est-ce que c'est que cet homme barbu ?

GAMBOULET.

Chut !... C'est moi, Gamboulet !

RIBOULOT.

Gamboulet !

GAMBOULET.

Tais-toi donc ! si elle t'entendait !...

RIBOULOT.

Qui ?

GAMBOULET.

Ah! mon pauvre ami !... Il me tombe une tuile !

RIBOULOT.

Va chercher le couvreur !

GAMBOULET.

Mais non. Tu n'y es pas. !... Octavie !... La perfide Octavie !

RIBOULOT.

Ta femme?

GAMBOULET.

De retour d'Amérique.., Elle me cherche !

RIBOULOT.

Pourquoi ?

GAMBOULET.

Je ne sais pas ; mais elle est ici. S'il ne devait jamais y
avoir d'orage, ça me serait égal d'affronter ses regards,
mais, à chaque instant, un orage peut éclater.

RIBOULOT.

Comme la nuit de tes noces.

GAMBOULET.

Justement ! Et l'orage paralyse mes meilleures inten-
tions. C'est ce qui jadis l'a mécontentée, cette femme.

RIBOULOT.

Dame ! je comprends ça !

GAMBOULET.

Aussi, elle m'a lâché, en m'écrivant : « Ah ! çà ! quel
homme ai-je épousé ? Je vous attends cette nuit à l'hôtel
du Grand Cerf, chambre 26, pour que vous vous expli-
quiez à ce sujet. ».

RIBOULOT.

Et tu n'y es pas allé ?

GAMBOULET.

Si fait ! Trois jours après, le temps de me remettre.
Mais elle n'y était plus. Depuis, je n'en avais pas entendu
parler. Mon commerce prospérait... J'étais heureux...

RIBOULOT.

Comme un...

GAMBOULET.

Je connais le proverbe !... Et voilà qu'elle me retombe
sur le dos. Elle vient peut-être me réclamer l'enfant.

RIBOULOT.

Comment? malgré l'orage, tu as eu un enfant ?

GAMBOULET.

Oui !... je me suis renseigné : il paraît que c'est le fluide.
Juste, neuf mois après mon mariage, un commissionnaire médaillé m'apporte un ballot et une lettre. Le ballot contenait un nouveau né du sexe masculin, et la lettre était ainsi conçue : « Un événement imprévu vous a
rendu père, je vous adresse votre fils. Ayez-en bien soin.
Je pars pour l'Amérique du Sud. »

RIBOULOT.

C'était d'une bonne mère !

GAMBOULET.

Je fus littéralement terrassé. Mais je ne perdis pas la boule, l'inspiration me vint et je dis au commissionnaire: Il y a erreur, je ne connais pas ce mioche. Voilà cent sous. Reportez-le à qui vous l'a confié — Le commissionnaire partit, je déménageai illico, et je n'entendis plus parler de rien.

RIBOULOT.

C'était d'un bon père. Eh bien ! qu'est-ce que tu veux que je fasse à ça, moi ?

GAMBOULET.

Je veux que tu me sauves.

RIBOULON.

Te sauver ?... Sacrebleu !... Je ne demande pas mieux, mais comment ?

GAMBOULET.

Il m'est poussé une idée gigantesque !

RIBOULOT.

Voyons, ton idée !

GAMBOULET.

Elle va venir ici avec...

RIBOULOT.

.Avec ?

GAMBOULET.

Ça, c'est terrible, hein !... chez moi, servir à dîner à ma femme et à son Américain. Car elle a ramené un Américain.

RIBOULOT.

Mais qui t'a dit?

GAMBOULET.

Eh! parbleu! lui!... l'imbécile qui me remplace... Il vient de venir...il m'a commandé à dîner... il est là, dans le jardin, bosquet n° 15... il l'attend!

RIBOULOT.

Sacrebleu ! c'est piquant !

GAMBOULET.

Je ne veux pas qu'elle me retrouve! J'ai tout préparé pour la vente de cette maison... Fais comme si tu l'avais achetée; pendant le temps qu'elle sera ici, sois moi!

RIBOULOT.

Comment, toi?

GAMBOULET.

Oui, prends ma place et parle-lui comme si tu étais le maître des Trois Canons.

RIBOULOT.

Ça peut se faire, sacrebleu! Tout pour rendre service à un ami dans la peine!

GAMBOULET.

Ce cher Riboulot!

RIBOULOT.

Ce cher Gam...

GAMBOULET.

Chut! Tais-toi! ne prononce pas mon nom!... (Il lui donne sa serviette.) Je te confie mes armes. Tu es le maître du restaurant!

RIBOULOT.

Compris. Et toi?

GAMBOULET.

Moi? Je vais me cacher dans la cave, jusqu'à ce qu'elle soit partie. Car je t'autorise à la chasser d'ici, à mettre les pieds dans le plat!

RIBOULOT.

Un restaurateur, mettre les pieds dans le plat! jamais! Laisse-moi faire, ça ira tout seul.

GAMBOULET.

Ah! mon ami! mon cher ami! mon véritable ami!

RIBOULOT.

Va! va! et repose-toi sur moi!

UNE VOIX.

Garçon!

GAMBOULET, s'oubliant.

Voilà! voilà!

RIBOULOT,

Tais-toi donc! nom de nom!

GAMBOULET.

C'est juste! J'abdique! J'ai abdiqué! A tout à l'heure!
à tout à l'heure!

Il sort par la droite.

SCÈNE VII

RIBOULOT, puis OCTAVIE, puis VICTOR.

RIBOULOT, criant.

Voilà! voilà! voilà! (A lui-même.) Je crie:... voilà! voilà!
mais je ne bouge pas! ah! mais non! Moi, Anatole Riboulot, artificier à Vincennes, servir une tête de veau ou
des pieds de mouton poulette! jamais!

OCTAVIE, entrant.

Pardon, monsieur! vous êtes le patron des Trois Canons?

RIBOULOT.

Oui, madame! pour le moment.

OCTAVIE.

N'est-il pas venu un monsieur demander madame Octavie Fignolard?

RIBOULOT.

Parfaitement, madame, parfaitement. (A part.) C'est
elle!

OCTAVIE.

Pouvez-vous m'indiquer où est ce monsieur?

RIBOULOT, à lui-même, sans lui répondre.

C'est qu'elle est encore très bien, la femme à Gamboulet : je voudrais seulement que la mienne soit comme ça.

On voit Victor traverser de droite à gauche, un plat à la main.

OCTAVIE.

Ah çà! est-ce que vos trois canons vous ont rendu
sourd?... je vous demande où est mon mari?

RIBOULOT.

Votre mari?... Ah! c'est votre mari que vous cherchez?

OCTAVIE.

Voilà une heure que je vous le dis, mon gros.

RIBOULOT.

Eh bien, lui, ne vous cherche pas.

OCTAVIE.

Que dit cet homme?

RIBOULOT.

Mais il a assez de vous, votre mari!

OCTAVIE.

Déjà!... ce n'est pas possible!

RIBOULOT.

Je suis au courant de la situation. Ah! oui, il a assez de vous, et c'est bien naturel.

OCTAVIE.

Vraiment?

RIBOULOT.

Dame, Ecoutez donc : vous achetez un paletot que vous croyez bon; au bout de huit jours, le paletot craque par toutes les coutures. Vingt ans après, un monsieur, qui le portait depuis ce temps-là, vous le rapporte en vous disant : remettez-le, il est comme neuf. Naturellement, vous répondez : ah! non! on ne me la fait pas, celle-là!

OCTAVIE.

Qu'est-ce que vous me chantez avec votre paletot?

RIBOULOT.

Je ne chante pas! Je ne chante jamais!

OCTAVIE.

Je crois, mon petit gargotier, que vous avez quelque chose de dérangé dans la tourte!

RIBOULOT.

Mais vous ne comprenez donc pas que le paletot qui a craqué, c'est vous.

OCTAVIE.

Moi? Je suis un paletot qui a craqué! (Suffoquant.) Je... je...

VICTOR, entrant de gauche.

Madame, le monsieur qui est dans le bosquet n° 15, vous a reconnue de loin; il vous attend.

OCTAVIE.

Mon mari!... dites-lui que je le rejoins... (Victor sort.) Qu'est-ce que vous me disiez donc qu'il ne voulait plus me revoir?

RIBOULOT, qui a regardé à gauche.

Ah!... c'est celui-là que vous appelez votre mari?

OCTAVIE.

Comment,' que j'appelle mon mari? Mais il l'est!

RIBOULOT.

Oui, à l'américaine!

OCTAVIE.

Monsieur, vous insultez une faible femme!

RIBOULOT.

Je vous fais mes excuses... (A part.) Au fait, si Gamboulet les faisait pincer en flagrant délit, puisqu'il les a sous la main, il en serait débarrassé tout à fait. Je vais le lui conseiller.

OCTAVIE.

Un mot encore... Mais de cliente à gargotier.

RIBOULOT.

Je vous écoute, madame.

OCTAVIE.

Savez-vous si mon mari a commandé le dîner?

RIBOULOT.

Il a dû le commander.

OCTAVIE.

Des choses... aphrodisiaques?

RIBOULOT.

Je ne sais pas s'il y en a encore.

OCTAVIE.

Et, pas sous ces bosquets, n'est-ce pas?... dans un cabinet...

RIBOULOT.

Alors, madame va s'en offrir une tranche?

OCTAVIE.

Ça, ça n'est pas votre affaire!

RIBOULOT.

Je parle d'une tranche de melon.

OCTAVIE.

Oui! peut-être!... ça dépendra. Où est-il?

RIBOULOT.

Le melon?... il est à la cave.

OCTAVIE.

Mais non! le monsieur qui m'attend?

RIBOULOT.

Bosquet n° 15. Permettez-moi de vous accompagner.

OCTAVIE.

Oh! monsieur!... trop aimable.

RIBOULOT.

Aimable avec les dames, moi, c'est mon côté faible. Par ici, madame, par ici!

OCTAVIE, à part.

Brusque, mais charmant, ce restaurateur! Et bel homme encore!

Elle sort à la suite de Riboulot.

VICTOR, qui est entré et qui les regarde sortir, riant.

Il en est plein dans la situation, monsieur Riboulot! Le patron m'a tout dit! Pristi! c'est ça qui n'est pas rigolo de retrouver une femme perdue. Après tout, fallait pas qu'il la perde!

SCÈNE VIII

VICTOR, ANSELME.

ANSELME, entrant.

Ah! garçon?

VICTOR.

Monsieur!

ANSELME.

C'est bien ici que demeure le 249e ?

VICTOR.

Le 249e... Adressez-vous au fort, monsieur !

ANSELME.

Au fort ?

VICTOR.

Oui ! Ici, c'est un restaurant, ce n'est pas une caserne.

ANSELME.

Qui est-ce qui vous parle de caserne ?

VICTOR.

Dame ! le 249e !

ANSELME.

Le 249e Gamboulet !

VICTOR.

Gamboulet ? Le patron ? oui ! c'est bien ici. Mais je ne comprends pas...

ANSELME.

Vous n'avez pas besoin de comprendre. Où est-il ?

VICTOR.

Il vaque !

ANSELME.

Alors, j'attendrai qu'il ait vaqué !

VICTOR.

C'est tout ce que vous prenez ?

ANSELME.

Pour le moment, oui.

VICTOR.

On va vous servir ça ! (A part.) Qu'est-ce que c'est que celui-là ?

VOIX.

Garçon ! garçon !

VICTOR.

Voilà ! voilà ! (A part.) Peut-être un extra qui vient se présenter !

Il sort par la droite.

4

SCÈNE IX

ALEXANDRINE, puis ANSELME, MISS CRACFORT.

ANSELME.

C'est le dernier ! On dit toujours : aux derniers les bons. · Après celui-là, dame ! je fouillerai l'étranger ! Voyons, où est-il fourré ce monsieur qui doit être l'auteur de mes jours ? J'ai hâte de le voir et d'éclaircir ce mystère.

ALEXANDRINE, entrant, suivie de Miss Cracfort qui reste au fond, sans rien dire.

M'y voici !

ANSELME.

Mademoiselle Alexandrine !

ALEXANDRINE.

Monsieur Anselme !

ANSELME.

Vous ! vous ici ! Mais comment se fait-il ?

ALEXANDRINE.

Rien de plus simple, maman doit être dans ce restaurant.

ANSELME.

Ah !

ALEXANDRINE.

Avec... devinez ?

ANSELME.

Qu'est-ce que vous voulez que je devine ?

ALEXANDRINE.

Avec mon père qu'elle a retrouvé.

ANSELME.

Votre père ?... Comment, vous qui n'en cherchez pas vous en trouvez, et moi qui en ai absolument besoin ne serait-ce que pour vous épouser, je ne peux pas arriver à en dénicher un ?... ô l'ironie du sort ! Mais qui vous a dit ?... Comment savez-vous ?...

ALEXANDRINE.

Maman elle-même qui est venue m'annoncer cette nouvelle à la pension... Elle voulait même que j'y restasse jusqu'à demain... jusqu'à demain! Ah! mais non! j'ai ma tête, moi! j'ai dit à miss Cracfort : je vais voir maman, accompagnez-moi! Et me voilà!

COUPLETS.

Quand ell' m'apprit qu' j'avais un père,
Ça me mit sens dessus dessous,
Un pèr' n'est pas une chimère,
Ça n' se fait pas voir pour deux sous.
Ça coût' plus qu' ça pour qu'on l'embrasse,
Et dût maman m' gronder pour deux,
J' support'rai tout! J' paierai la casse,
Et tout s'arrang'ra pour le mieux.

J' suis un' fille de caractère,
On me connaît de c' côté-là,
Je viens pour embrasser mon père,
Et je n' m'en irai pas sans ça !

II

Entre nous, je suis bien heureuse,
Ça va changer du tout au tout,
Vous savez si j' suis amoureuse?
Eh bien ! j' veux qu' ça finiss' du coup,
Papa saisira, je l'espère,
Ce que maman n'a pas saisi,
C'est qu' si c'est bon d'avoir un père,
C'est meilleur d'avoir un mari!

J' suis un' fille de caractère,
On me connaît de c' côté-là,
Je viens pour embrasser mon père,
Et je n' m'en irai pas sans ça !

ANSELME.

Allons! Espérons que ça tournera comme vous le chantez là !

ALEXANDRINE.

J'en suis sûre ! Vous verrez. Mais vous-même, vous ne m'avez pas dit comment il se fait...

ANSELME.

Que je sois ici ?

ALEXANDRINE.

Oui.

ANSELME.

Oh ! moi ! des espérances ! qui pourraient peut-être se réaliser !

ALEXANDRINE.

Voyons ?

ANSELME.

Je vous ai dit, n'est-ce pas, que j'avais consulté le Bottin...

ALEXANDRINE.

Oui. Eh bien ?

ANSELME.

Eh bien ! j'en suis au 249e Gamboulet. Il demeure ici, c'est le maître de ce restaurant, je vais le voir et s'il ne s'intitule pas mon père, je ne saurai plus à quel saint me vouer !

ALEXANDRINE.

Très bien. Réussissez !... Cherchez de votre côté, je vais chercher du mien !... Et dès que j'aurai embrassé papa, vous me reconduirez à Paris.

ANSELME.

Avec miss Cracfort ?

ALEXANDRINE.

Avec miss Cracfort.

SCÈNE X

Les Mêmes, VICTOR.

ALEXANDRINE, à Victor qui entre par la droite.

Garçon

VICTOR.

Mademoiselle ?

ALEXANDRINE.

Avez-vous ici, une dame et un monsieur...

VICTOR.

Nous en avons plusieurs, mademoiselle...

ALEXANDRINE.

Attendez donc ! une dame se nommant madame Octavie Fignolard ?

VICTOR, s'oubliant.

La femme du patron !

ANSELME, ALEXANDRINE.

Hein ?

VICTOR.

Quoi ?

ANSELME.

Vous avez dit ?

ALEXANDRINE.

La femme du patron !

VICTOR.

Moi ?

ANSELME.

Vous !

VICTOR.

Je n'ai jamais parlé de ça !

ANSELME.

Vous l'avez dit !

ALEXANDRINE.

Oui, il l'a dit !

ANSELME.

Mais si le patron est mon père et que votre mère soit sa femme, vous allez être ma sœur !

ALEXANDRINE.

Mon Dieu !

ANSELME.

Ah ! j'en suis à désirer que ce Gamboulet ne soit pas papa. (A Victor.) Voyons, garçon, répétez ce que vous avez dit.

4.

VICTOR.

Je n'ai rien dit... je n'ai pu rien dire ! Ne me demandez rien ! je ne sais rien !

ANSELME, le prenant au collet.

Ah ! tu parleras !

VICTOR.

Des voies de fait !

ALEXANDRINE.

Monsieur Anselme !

ANSELME.

Il faut qu'il parle ! il parlera ou sinon...

SCÈNE XI

LES MÊMES, RIBOULOT.

RIBOULOT, entrant.

Eh bien ! sacrebleu ! qu'est-ce qu'il y a ?

Il les sépare et retourne à gauche où il semble regarder.

VICTOR.

Tenez ! adressez-vous au patron ! il vous répondra ! Et puis, vous savez... n'y revenez pas... ah ! mais...

Il sort par la droite.

ANSELME, bas.

Mademoiselle Alexandrine, j'ai besoin d'être seul avec cet homme.

ALEXANDRINE.

C'est bien, je vous laisse !... Ah ! là-bas !... Cette dame... on dirait... suivez-moi, miss Cracfort.

Elle sort, suivie de miss Cracfort, par la droite au-dessus du restaurant.

SCÈNE XII

RIBOULOT, ANSELME, puis OCTAVIE.

RIBOULOT, à lui-même.

La femme de Gamboulet est avec son Américain. Je me tords !

ANSELME, à lui-même, regardant Riboulot.

Le voilà ! mon cœur tressaille !

RIBOULOT.

Eh bien ! voyons, jeune homme !

ANSELME.

Oh ! vous ! vous avez le droit de tout me dire... de m'invectiver... de me frapper même !... Je supporterai tout !

RIBOULOT.

Ah bah ! et pourquoi ?

ANSELME.

Pourquoi ? Vous me demandez pourquoi ?

RIBOULOT.

Dame !...

ANSELME, à part.

Allons ! je vois qu'il faut brusquer. (Haut.) Vous êtes bien M. Gamboulet ?

RIBOULOT.

Je le suis... c'est-à-dire... oui !... Enfin ! quoi ! admettons que je le sois !

ANSELME.

En ce cas, veuillez m'écouter.

RIBOULOT.

Sacrebleu ! c'est ce que je fais depuis cinq minutes.

ANSELME.

Quand je vous aurai dit comment je me nomme... quand je vous aurai prouvé que je me nomme ainsi que je vous l'aurai dit, il se passera évidemment en vous une de ces choses qui pétrifient même les natures d'élite !

RIBOULOT.

Ah çà ! sacrebleu ! Vous expliquerez-vous ?

ANSELME.

Voilà ! ne vous impatientez pas ! je me nomme Anselme !

RIBOULOT.

C'est un joli nom ! Après ?

ANSELME.

Anselme Gamboulet !

RIBOULOT.

Gamboulet !

ANSELME.

Commences-tu à comprendre, papa ?

RIBOULOT.

Hein ?

ANSELME.

Et tu ne m'as pas encore ouvert tes bras ?... Et tu ne m'as pas encore pressé sur ta large poitrine ? et tu...

RIBOULOT.

Et tu... et tu... es-tu ce que tu dis, d'abord ?

ANSELME.

Tu doutes, ô papa !... (Lui donnant un papier.) Tiens ! voilà le papier que j'avais, collé dans le dos avec un pain à cacheter, quand on m'a déposé au conservatoire des enfants trouvés.

RIBOULOT, lisant.

« Anselme Gamboulet, né le 23 septembre 1863. » (A part.) Cré mille noms de nom ! C'est bien le fils de la femme de mon idiot d'ami.

Il relit le papier, Anselme le contemple.

OCTAVIE, entrant par la gauche, à elle-même.

Demandez-moi un peu... du veau aux épinards... un jour de reconnaissance... jamais ! Je viens de refaire la carte !... (Voyant Riboulot.) Ah ! monsieur le restaurateur.

RIBOULOT, se retournant.

Elle !

OCTAVIE.

Je voudrais...

RIBOULOT.

Taisez-vous !

OCTAVIE, à part.

Qu'est-ce qu'il a ?

RIBOULOT.

Un grand acte de réparation se prépare !

OCTAVIE.

Une réparation ? (A part.) C'est le propriétaire.

RIBOULOT, à Anselme.

Tu vois cette femme ?

OCTAVIE.

Cette femme !

ANSELME.

Oui, je la vois. Eh bien ?

RIBOULOT.

Eh bien ! jette-toi dans ses bras ! c'est ta mère !

ANSELME.

Ah ! ma mère !

Il veut l'embrasser.

OCTAVIE, le repoussant.

Voulez-vous bien finir !

ANSELME.

Mais puisque vous êtes ma mère !

OCTAVIE.

Moi ? Sarpejeu ! qu'est-ce qui a dit ça ?

ANSELME, désignant Riboulot.

Lui ! mon père !... votre mari !

OCTAVIE.

Mon mari ? ça ? Ah non ! par exemple !

ANSELME.

Ah ! bah !

RIBOULOT.

C'est bien votre fils cependant ! il n'y a pas à tourner autour !... (Lui tendant le papier.) Tenez ! ce papier...

OCTAVIE.

Qu'est-ce que c'est que ça ?

RIBOULOT.

La preuve ! Il ne manque que le pain à cacheter !

OCTAVIE.

Le pain à cacheter !... Monsieur, vous saurez que je n'aime pas ces plaisanteries-là ! Je viens simplement pour vous dire que nous ne prendrons pas de veau aux épinards...

RIBOULOT.

Il n'est pas question de veau !

ANSELME.

Non ! puisqu'il est question de moi !

RIBOULOT.

Oui !... de lui !... votre fils !

OCTAVIE.

Ah !... c'est trop fort !... je suffoque !... je suis dans un état de surexcitation !...

ANSELME.

Je vous en prie, madame, calmez-vous !

OCTAVIE.

Que je me calme !... Quand un monsieur que je ne connais pas...

RIBOULOT.

Moi non plus, sacrebleu ! je ne vous connais pas !

ANSELME.

Mais moi, vous me connaissez ?

RIBOULOT.

Je ne vous ai jamais vu, mille noms de nom !

ANSELME.

Etes-vous Gamboulet ?

RIBOULOT.

Ça ne vous regarde pas.

ANSELME.

Mais si, ça me regarde !

RIBOULOT.

Il ne s'agit pas de moi, je ne suis pas en cause !

OCTAVIE.

Et vous voulez m'y mettre ! moi ! Et vous voulez m'attribuer un enfant masculin... quand je n'ai jamais eu qu'une fille !

ANSELME.

Ça, c'est vrai !

RIBOULOT.

Je ne dis pas non, sacrebleu ! Mais enfin ! quoi ? qu'est-ce que vous me voulez, à la fin ?

OCTAVIE.

Pas de veau aux épinards !

RIBOULOT.

Eh bien ! prenez autre chose !

SCÈNE XIII

LES MÊMES, MANIVON.

MANIVON, par la gauche.

Ah çà ! qu'est-ce qui se passe donc ?

RIBOULOT.

L'Américain !

OCTAVIE, triomphante.

Ah !

ANSELME et RIBOULOT.

Quoi ?

OCTAVIE.

Le voilà ! mon mari !

RIBOULOT.

Enfin !... nous y sommes ! ça n'est pas malheureux ! sacrebleu ! (A Anselme.) Voilà ton père, jette-toi dans ses bras !

MANIVON.

Hein ?

ANSELME, voulant l'embrasser.

Ah ! mon père !

MANIVON, le repoussant.

Mais je n'ai pas d'enfant !

OCTAVIE.

Ah ! pardon !... une fille avec moi !

MANIVON.

C'est vrai ! je l'oubliais.

ANSELME.

Alors, vous n'êtes pas M. Gamboulet ?

RIBOULOT.

Sacrebleu ! il faut en finir. Gamboulet n'est plus ici : il
m'a vendu son établissement !

ANSELME.

Il vous a vendu son établissement?

RIBOULOT.

Oui ! Il a vendu les Trois Canons ! Il y a longtemps ! il est en Chine!... Eh bien, maintenant, est-ce clair?

ANSELME, tombant sur une chaise.

Ah ! tout s'écroule !... tout s'effondre !

MANIVON, à part.

J'aime mieux ça... parce que Gamboulet étant le mari de... et moi, étant celui qui... enfin... j'aime mieux ça !

RIBOULOT.

Il ne me reste plus qu'à adresser mes excuses à madame ainsi qu'à monsieur.

MANIVON.

Oh ! il n'y a pas de quoi?

RIBOULOT.

Si, sacrebleu, il y a de quoi, puisque vous êtes le mari.

MANIVON.

Permettez...

RIBOULOT.

A la mode américaine, je connais ça !

OCTAVIE.

Encore votre mode américaine?

RIBOULOT.

C'est entendu ! c'est jugé ! ça y est! (Désignant Octavie.) Voilà votre femme !

SCÈNE XIV

LES MÊMES, ALEXANDRINE, MISS CRACFORT, au fond.
ALEXANDRINE, qui vient d'entrer par la droite

Ah ! maman ! Enfin ! te voilà !

OCTAVIE.

Alexandrine ! ici?

ALEXANDRINE.

Oui. Ne me gronde pas !... j'ai voulu voir papa.

OCTAVIE.

Je te gronderai plus tard. Pour le moment, le voilà... embrasse ton père !

Elle lui désigne Manivon.

ALEXANDRINE, se jetant à son cou.

Ah ! papa !

MANIVON, à part.

Sapristi ! je ne sais plus où j'en suis !

ANSELME, à part.

Il n'y a que moi sur la terre qui ne recevrai jamais le baiser paternel !

MANIVON.

Pardon... mais je voudrais savoir...

RIBOULOT.

Quoi ?... Qu'est-ce que vous voulez savoir ?... Si votre dîner s'apprête ?... combien de couverts ? quatre ?

OCTAVIE.

Non ! non ! deux !

RIBOULOT.

On va vous commander ça !

Il entre un instant dans le restaurant.

OCTAVIE, voyant Anselme qui est accablé.

Allons, voyons, monsieur Anselme, ne vous désolez pas... et venez nous voir, demain !

ANSELME.

Eh quoi ! madame !...

OCTAVIE.

Nous causerons de tout ça ! En attendant, je vous permets d'accompagner ma fille, jusqu'à Paris... en compagnie de miss Cracfort.

ANSELME.

Avec plaisir !

ALEXANDRINE.

Tu me renvoies déjà, papa ?

MANIVON.

Dame... je ne sais pas... moi... je...

5

OCTAVIE.

Oui!... oui!... Tu vas rentrer à la maison... et cette fois, n'en bouge pas !

ALEXANDRINE.

Oui, maman !

OCTAVIE.

Et si, par extraordinaire, mon amie arrivait...

ALEXANDRINE.

Je lui donnerais la chambre à coucher à côté de la tienne. C'est entendu !

RIBOULOT, qui vient de rentrer.

Eh bien, c'est ça, sacrebleu ! tout s'arrange, ça me fait plaisir ! (A Anselme.) Sans rancune, jeune homme ! mais vous savez, pour ce qui est d'être votre père...

ANSELME.

Ah ! je vois bien que vous n'en avez pas les entrailles !.. (A Alexandrine.) Venez, mademoiselle Alexandrine ?

ALEXANDRINE.

Je vous suis. (Bas.) Ça va très bien !

ANSELME.

Ah ! je suis bien heureux de ne pas être le fils de votre mère !

ALEXANDRINE.

Et moi donc ? (A Manivon.) Au revoir, papa !

MANIVON, à part.

Son père ? c'est moi ! (Haut.) Ah ! oui ! oui ! au revoir !

Anselme et Alexandrine sortent.

SCÈNE XV

RIBOULOT, MANIVON, OCTAVIE.

OCTAVIE.

Ah ! à présent, nous allons peut-être pouvoir dîner ?

RIBOULOT.

A l'instant, madame ! mais permettez-moi de vous dire

que vous seriez mieux dans ce cabinet... (Il désigne un des cabinets du fond.) Sacrebleu ! un jour comme celui-là... car, vous avez l'air de fêter un anniversaire...

OCTAVIE.

En effet.

RIBOULOT.

Dîner en plein vent... (Bas, à Manivon, le poussant du coude.) Allons, voyons, allez-y donc !

MANIVON.

Hein ?

OCTAVIE.

Monsieur a peut-être raison.

MANIVON.

Dame... ce sera comme on voudra !

RIBOULOT, qui a été ouvrir au fond.

Superbe, là-dedans... et pas plus cher... je vous passerai ça au même prix !

OCTAVIE.

Il y fera peut-être bien chaud ?

RIBOULOT.

Du tout ! deux portes ! Vous pourrez établir un courant d'air.

OCTAVIE.

Eh bien ! c'est dit ! Faites servir !

RIBOULOT.

Allons donc, sacrebleu ! (A part.) Ce qu'il va faire une tête, Gamboulet ! (Bas, à Manivon.) Et puis, d'aplomb, hein ?

MANIVON, riant.

Ah ! ah! ah!

RIBOULOT, le lutinant.

Eh! eh! eh! (Prenant l'air sérieux.) Monsieur et madame peuvent entrer !

OCTAVIE, sur le seuil.

Ah! (Revenant à Riboulot.) Des écrevisses... pimentées !

RIBOULOT.

Compris !

OCTAVIE.

Ah ! le renouveau ! le renouveau !

Elle entre dans le cabinet.

MANIVON, qui la suivait, revenant à Riboulot.

De la glace !

RIBOULOT.

Sacrebleu ! voulez-vous bien vous sauver ?

MANIVON.

Oui ! oui ! On y va ! (A part.) Quel drôle de restaurateur !

Il sort.

SCÈNE XVI

RIBOULOT, puis GAMBOULET, MARIETTE, FERNANDE,
IRMA, ZOÉ, DEMOISELLES.

RIBOULOT, fermant la porte du cabinet.

Ça y est !... Gamboulet va être aux anges... Il va pouvoir la faire pincer par la police, s'il le veut !... Elle a
tout de même du toupet, sa femme !.. Son mari !.. l'Américain ! ah ! ah ! ah !

GAMBOULET, timidement par la droite.

Eh bien ! l'as-tu vue ?

RIBOULOT.

Ah ! te voilà, toi ? tu peux venir !.

GAMBOULET.

Sans mon truc ?

RIBOULOT.

Si tu veux, je ne crois pas qu'ils se montrent de sitôt !.

GAMBOULET.

Ils sont partis ?

RIBOULOT.

Non ! ils sont là !

Il indique le cabinet.

GAMBOULET.

Là ?

RIBOULOT.

Oui ! Ah ! dame, mon vieux, qu'est-ce que tu veux ? Tu ne peux pas empêcher ça ?

GAMBOULET.

Chez moi ?.. A mon nez et à ma barbe ?... Je sais bien qu'elle est fausse... mais ça ne fait rien !

RIBOULOT.

Tu peux les faire empoigner *flagrante delicto.*

GAMBOULET.

Pour qu'elle me reparle de l'enfant ? Jamais !

RIBOULOT.

A propos de l'enfant, je l'ai retrouvé, moi.

GAMBOULET.

Retrouvé ?

RIBOULOT.

Oui... avec un pain à cacheter dans le dos... Je te le ferai voir quand tu voudras.

GAMBOULET.

Je n'y tiens pas !

RIBOULOT.

Voyons, voyons, ne fais pas une tête comme ça ! ah ! ah ! ah !

GAMBOULET.

Riboulot !.. Est-ce que tu aurais l'intention de te ficher de moi ?

RIBOULOT, lui tapant sur le ventre.

Pourquoi pas, mon vieux ?

GAMBOULET.

Fiez-vous donc aux amis !

Rires à gauche.

RIBOULOT.

Sacrebleu !... et mes jeunes filles que j'oublie ?

MARIETTE, entrant suivie des autres.

Est-ce que l'on ne va pas bientôt dîner ?...

RIBOULOT, remontant au-devant d'elles.

Si fait ! si fait !.. Ah çà ! vous avez donc faim ?

SCÈNE XVII

LES MÊMES, LES DEMOISELLES, VICTOR.

VICTOR, un télégramme à la main.

Patron ! patron !

GAMBOULET, tressautant.

Hein ? Quoi ? Ma femme ?

VICTOR.

Non ! Un télégramme.

GAMBOULET.

C'est pour m'annoncer ma marée. (Ouvrant le télégramme et lisant) : « Agence des renseignements commerciaux. La dame qui se nommait Sophie Dumoulin, femme Riboulot, se fait appeler maintenant Octavie Fignolard et est propriétaire de la brasserie des filles de Gambrinus ! (A lui-même.) Tiens, je la connais, cette brasserie ! (Continuant.) Vous la trouverez, pour le moment, au restaurant des Trois Canons, à Vincennes, en compagnie d'un monsieur avec qui on l'a vue partir. » Et c'est adressé à ?... (Lisant l'adresse.) Riboulot, artificier, 33 bis, rue de Paris, Vincennes. (Poussant un cri.) Ah !

TOUS, redescendant.

Quoi ?

GAMBOULET.

Rien ! rien !

Dansant.

A la Monaco,
L'on chasse,
L'on déchasse,
A la Monaco...

RIBOULOT.

Qu'est-ce qui lui prend ? (A Gamboulet.) Comment, ça te fait tant de plaisir que ça que ta femme soit là ?

GAMBOULET.

Ma femme ?... Voyons, voyons, ne fais pas une tête comme ça ! ah ! ah ! ah !

RIBOULOT.

Une tête ?

GAMBOULET, à part.

Ah ! tu t'es fichu de moi, toi, simple artificier !... Ah ! ah ! ah ! ah !

RIBOULOT.

Malheureux ! songe donc que ta femme...

GAMBOULET.

Mais je vais la servir moi-même, ma femme... Mais je vais lui donner un petit banc, à ma femme !

RIBOULOT.

Sacrebleu ! Tu ferais ça ?

GAMBOULET.

Si je le ferai ? Tu vas voir ? (Appelant.) Victor !

VICTOR, entrant, un plat à la main.

Patron ?

GAMBOULET.

Où portes-tu ça ?

VICTOR.

Au jardin !

GAMBOULET.

Le jardin attendra. Donne ! C'est pour le cabinet particulier, et c'est moi qui sers.

Dansant.

A la Monaco,
L'on chasse,
L'on déchasse,
A la Monaco,
L'on chasse comme il faut !

RIBOULOT.

Il est fou !

GAMBOULET.

Possible ! Mais en tout cas, je ne suis pas ce que tu croyais.

RIBOULOT.

Hein ?

GAMBOULET.

Et la preuve, c'est que je n'hésite pas à entrer là-dedans. Allons ! ouvre la porte, Victor !

VICTOR, ouvrant la porte du cabinet.

Voilà, patron !

GAMBOULET, y entrant et ressortant aussitôt.

Personne !

RIBOULOT.

Comment, personne !

VICTOR.

C'est le monsieur et la dame qui étaient là que vous cherchez ?

GAMBOULET.

Oui !

RIBOULOT.

Oui, mille noms de nom !

VICTOR.

Oh ! bien ! Ils ont dit qu'on faisait trop de bruit ici... que ça les gênait et qu'ils allaient dîner ailleurs.

RIBOULOT, à Gamboulet, qui se tord de rire.

Comment, malheureux, tu ris quand ta femme..

GAMBOULET.

Ma femme ? Mais non ! Ce n'est pas ma femme ! Ce n'est pas... c'est... Ah ! ah ! ah ! ah ! laisse-moi rire... Mon pauvre Riboulot !

RIBOULOT.

Hein !

GAMBOULET.

Tiens !.. lis !

RIBOULOT.

Qu'est-ce que c'est que ça?.. (Lisant.) « De l'agence des Renseignements Commerciaux. La dame qui se nommait... Hein !.. mille tonnerres! Mais c'est la mienne !

GAMBOULET.

Oui !

RIBOULOT.

La mienne !..

MARIETTE.

Eh bien! et le dîner ?

RIBOULOT.

Le dîner?.. Il n'y en a plus de dîner ! Où la retrouver maintenant, cette Octavie Fignolard ?

TOUS.

La patronne?

RIBOULOT.

Votre patronne?... Ma femme?

TOUTES.

Sa femme!

RIBOULOT.

Quand je vous le dis, nom de nom! (Mettant son chapeau et prenant sa canne.) Suivez-moi!

TOUTES.

Où?

RIBOULOT.

A la taverne!

GAMBOULET, à part.

J'y serai avant lui!

Il sort vivement.

TOUS.

A la taverne!

CHŒUR GÉNÉRAL.

Allons, partons pour la taverne,
Courons sans tambour ni lanterne.
Quant à celle qui la gouverne,
Il faudra qu'elle se prosterne,
Que le courroux
De son époux
Jaloux,
La confonde devant nous!
A la taverne!...

Rideau.

5.

ACTE TROISIÈME

Une chambre à coucher. — Au fond, face au public, une alcôve avec
de grands rideaux; dans l'alcôve, un lit; porte d'entrée à gauche. —
A droite, deux portes; deux portes également à gauche. — Chaises,
fauteuils. — Une pendule sur la cheminée qui est placée entre les
deux portes de gauche. — Une bougie brûle sur un petit meuble à
droite, entre les deux portes. — Au lever du rideau, miss Cracfort
est assise à gauche: elle dort. — Un verre d'eau est placé sur un
guéridon à ses côtés. — Anselme et Alexandrine sont assis à droite;
ils semblent continuer une conversation.

SCÈNE PREMIÈRE

ALEXANDRINE, ANSELME, MISS CRACFORT.

ALEXANDRINE.

Je vous en prie, monsieur Anselme, ne me dites pas de
ces choses-là !

ANSELME.

Ce sont des propos de fiancé à fiancée; vous n'avez
rien à redouter de moi !

ALEXANDRINE.

Je le sais. Mais si maman...

ANSELME.

Puisqu'elle n'est pas là, votre maman, et que l'établissement est fermé!... Je ne m'explique même pas pourquoi
il est fermé.

ALEXANDRINE.

Moi non plus!

ANSELME.

Ça me paraît louche! Aussi, je n'irai pas me coucher tout de suite, et je me promènerai devant la porte. Je ne sais pourquoi, mais il me semble qu'il doit se passer quelque chose d'extraordinaire.

ALEXANDRINE.

C'est cela! allez!

Elle se lève.

ANSELME.

Oh! Encore un petit instant!

ALEXANDRINE.

Non.

ANSELME, désignant miss Cracfort.

Puisque votre cerbère assiste à notre entretien.

ALEXANDRINE.

Oh! si peu! Elle dort!

ANSELME.

Grâce à moi.

ALEXANDRINE.

Comment cela?

ANSELME.

Je vais vous dire. Elle me gênait. J'ai versé quelques gouttes de laudanum dans le cognac à l'eau qu'elle vous a demandé de lui servir; et le laudanum a produit son effet.

ALEXANDRINE.

Qu'avez-vous fait là?

ANSELME.

J'ai fermé les yeux de l'Angleterre. N'importe! Ce n'en est pas moins un porte respect!

Miss Cracfort éternue.

ALEXANDRINE.

Ah! partez! partez!

ANSELME.

Soit! mais je ne m'éloigne pas! Au revoir, mon Alexandrine, au revoir!

Il sort par le fond gauche.

SCÈNE II

MISS CRACFORT, ALEXANDRINE, puis FRANÇOISE et MADAME GAMBOULET.

ALEXANDRINE, regardant miss Cracfort.

Ah çà ! est-ce que maman ne va pas venir?... Cela n'a rien de bien gai, la compagnie de miss Cracfort!... Au fait, si je la congédiais... je pourrais au moins me retirer dans ma chambre... Oui ! c'est cela!... Miss Cracfort!... (Elle la secoue.) Miss Cracfort!... Ah! mon Dieu! elle ne bouge pas. Ça me fait peur!... Elle ne va pas pouvoir retourner à la pension.

FRANÇOISE, ouvrant la porte du fond à droite et introduisant madame Gamboulet.

Voilà mademoiselle, madame.

MADAME GAMBOULET, une petite valise à la main.

Merci, mademoiselle. (Françoise sort.) Mon enfant, je suis...

ALEXANDRINE, l'interrompant.

Je devine : la personne que maman attendait... Vous arrivez d'Amérique?

MADAME GAMBOULET.

Oui !

ALEXANDRINE.

Soyez la bienvenue, madame.

MADAME GAMBOULET.

Et cette chère amie est visible?

ALEXANDRINE.

Elle ne tardera pas à rentrer... je le suppose, du moins. Quoi qu'il en soit, j'ai ordre de vous installer.

MADAME GAMBOULET.

Cette chère Sophie! Elle a donné des ordres. Oh! je la reconnais bien là.

Elle dépose sa valise sur le guéridon.

ALEXANDRINE, désignant la porte du premier plan à gauche.

Voilà votre chambre, madame. Celle-ci est à maman...
La mienne est là... au fond du couloir !

Elle désigne la droite, premier plan.

MADAME GAMBOULET.

Fort bien! Vous êtes charmante!

ALEXANDRINE, à miss Cracfort.

Miss Cracfort! Miss Cracfort ! (Elle la secoue. — Miss Cracfort
se réveille.) Ah! enfin!... Miss Cracfort, je crois que vous
pouvez vous en aller.

Miss Cracfort se lève et chancelle.

MADAME GAMBOULET.

Ah! mon Dieu, est-ce qu'elle a bu?

ALEXANDRINE.

Oh! miss Cracfort fait partie d'une société de tempé-
rance.

MADAME GAMBOULET.

En Angleterre!... Cela n'empêche pas. Voyez, c'est à
peine si elle se tient debout.

ALEXANDRINE, à part.

C'est le laudanum!... Elle ne peut rentrer ainsi à la
pension. Que faire?

MADAME GAMBOULET.

Où couche-t-elle, votre Anglaise?

ALEXANDRINE.

Au pensionnat! Mais il est neuf heures et demie. D'après
les règlements, on n'ouvre plus à personne après neuf
heures. Elle ne peut cependant pas coucher dehors ou
dans un hôtel.

MADAME GAMBOULET.

Qu'à cela ne tienne, elle partagera ma chambre.

ALEXANDRINE.

Oh! madame! que de reconnaissance !

MADAME GAMBOULET.

Il n'y a pas de quoi!

ALEXANDRINE.

Vous entendez, miss Cracfort... Tout est pour le mieux!

Tenez! allez vous coucher, là!... (Miss Cracfort sort par la
gauche, premier plan, en marchant comme une automate.) Madame,
je vous souhaite une bonne nuit! Libre à vous d'attendre
maman. Agissez à votre guise, vous êtes chez vous.

MADAME GAMBOULET.

Merci, mademoiselle!

ALEXANDRINE.

Avez-vous besoin de prendre quelque chose?

MADAME GAMBOULET.

Merci! J'ai soupé à la gare. Bonsoir.

Alexandrine sort par la droite, deuxième plan.

SCÈNE III

MADAME GAMBOULET, puis FRANÇOISE et GAMBOULET.

MADAME GAMBOULET.

Seule! Relivrons-nous à nos pensées!... Ah! elles vaga-
bondent, mes pensées!... Elles subissent l'influence de ma
folle nature... car j'ai une folle nature! Comment mon
mari va-t-il me recevoir?... vingt-trois ans d'absence!...
c'est une sortie cela!... D'abord il ne me reconnaîtra pas.
Quand je l'ai quitté, j'étais maigre comme un légume sec.
Aujourd'hui je suis potelée. Il est vrai que je ne le recon-
naîtrai pas davantage ce phénomène que l'orage trans-
formait en baromètre. N'importe!... J'éprouve le besoin
de me rasseoir au foyer conjugal. C'est ce que mister
Burlington, le missionnaire anglais, m'a inculqué dans un
sermon dont l'éloquence m'a été au cœur. Ah! quelle
éloquence persuasive! C'est par dessus ce sermon, que
j'ai écrit à M. Gamboulet et à cette chère amie chez qui
je suis en ce moment. Mister Burlington a tenu à m'accompagner en France!... Oh! ces missionnaires anglais
comme ils comprennent leur mission jusqu'au bout. C'est
lui qui a payé le souper à la gare. Ah çà! où est-elle,
mon amie? J'espère bien que je vais la revoir?

GAMBOULET, faisant irruption par le fond.

Enfin !... La voilà !

MADAME GAMBOULET, effrayée.

Ah !

FRANÇOISE, suivant Gamboulet.

Mais, monsieur...

GAMBOULET.

Silence ! Et allez-vous en ! Je suis un ami de madame...

FRANÇOISE.

Ah ! très bien !

Elle sort.

SCÈNE IV

GAMBOULET, MADAME GAMBOULET.

MADAME GAMBOULET.

Quel est ce monsieur ?

GAMBOULET.

Madame !

MADAME GAMBOULET.

Hein ?

GAMBOULET.

Ne craignez rien ! Je suis incapable de vous manquer !

MADAME GAMBOULET.

Qui êtes-vous ? Que me voulez-vous ?

GAMBOULET.

Qui je suis ?

MADAME GAMBOULET.

Oui !

GAMBOULET.

Votre sauveur !

MADAME GAMBOULET.

Mon sauveur ?

GAMBOULET.

Vous me comprendrez quand je vous aurai dit qu'il vous cherche, qu'il va être ici dans quelques minutes !

MADAME GAMBOULET.

Qui ?

GAMBOULET.

Votre mari !

MADAME GAMBOULET.

Ah ! mon Dieu !

GAMBOULET.

Il vous a reconnue à la gare !... Il est furieux !

MADAME GAMBOULET.

Furieux !

GAMBOULET.

Oui !

MADAME GAMBOULET.

Il était à la gare ?

GAMBOULET.

Il vous a entendue commander du veau aux épinards.

MADAME GAMBOULET.

Du veau aux épinards ?

GAMBOULET.

Avec le monsieur.

MADAME GAMBOULET.

Quel monsieur ?

GAMBOULET.

L'Américain qui vous accompagnait !

MADAME GAMBOULET.

Il a vu le missionnaire Burlington ?

GAMBOULET.

Ah ! c'est un missionnaire ?

MADAME GAMBOULET.

Qui m'a fait comprendre que mon devoir était de réintégrer le domicile conjugal.

GAMBOULET.

Ce missionnaire, je l'ai vu aussi, moi ! Pas vous ! Mais
lui, je l'ai vu !

MADAME GAMBOULET.

Ah çà ! que signifie...

GAMBOULET.

Puisque je vous dis qu'il sait tout! Il va vous massacrer.

MADAME GAMBOULET.

Mon Dieu!

GAMBOULET.

J'ai de l'avance sur lui... Evitez un malheur!

MADAME GAMBOULET.

Un malheur!

RIBOULOT, au fond, dans la coulisse.

Mille millions de mille millions de tonnerres!

GAMBOULET.

Le voilà! Tout est perdu!

MADAME GAMBOULET, chancelant.

Ah!

GAMBOULET, la soutenant.

Remettez-vous! soutenez-vous!

MADAME GAMBOULET.

Vous avez raison! Je vais lui dire...

GAMBOULET.

Rien en ce moment! Laissez-le se calmer. Cachez-vous! Il n'est que temps! C'est un tigre!

MADAME GAMBOULET.

Un tigre! Il a donc bien changé!... Autrefois, c'était un serin!... Ah! là! Dans cette chambre qu'on m'a indiquée.

GAMBOULET.

C'est cela! enfermez-vous.

MADAME GAMBOULET.

Merci, monsieur, et, quoi qu'il arrive, comptez sur ma reconnaissance!

Elle sort par la gauche, premier plan.

SCÈNE V

GAMBOULET, puis RIBOULOT, MARIETTE, ZOÉ,
FERNANDE, IRMA, DEMOISELLES.

GAMBOULET.

Je ne sais plus où j'en suis ! N'importe ! j'aurai le cou-
rage de tenir tête à cet orang-outang !

Il se place devant la porte par où est sortie madame Gamboulet.

RIBOULOT, *par le fond, suivi des autres personnages.*

M'y voici !

MARIETTE

Il est capable de tout casser !

FERNANDE.

Voyons, monsieur, calmez-vous !

RIBOULOT.

Fichez-moi la paix, tas de bécasses ! (Apercevant Gamboulet.) Gamboulet !

GAMBOULET.

Oui ! moi ! qui suis venu pour empêcher un malheur !

RIBOULOT.

Où est-elle, mille tonnerres ?

GAMBOULET.

Partie !

RIBOULOT.

Tu mens, nom de nom !... Pourquoi es-tu devant cette
porte ?

GAMBOULET.

Mais...

RIBOULOT.

Ah ! je comprends ! Tu l'as fait cacher ! Elle est là, la
misérable ! Là ! Et avec lui, peut-être !

GAMBOULET.

Mais non ! mais non !

RIBOULOT.

Allons ! Place !

GAMBOULET.

Non ! Tu ne passeras pas !

RIBOULOT.

Je ne passerai pas! (Le faisant pirouetter.) Allons, mille tonnerres! sors de là !

GAMBOULET.

Mesdemoiselles... interposez-vous !

MARIETTE.

Ah ! après tout, il a raison !

RIBOULOT, qui cherche à ouvrir.

Fermée !... nom de nom ! Ouvrez! ouvrez! ouvrez !... Rien !... Je me connais, je vais commettre un bris de clôture !

GAMBOULET.

Ecoute-moi, Riboulot, je t'en supplie, écoute-moi !

RIBOULOT.

Je n'écoute rien !

GAMBOULET.

Je te jure qu'elle est innocente !

RIBOULOT.

Innocente?

GAMBOULET.

J'en suis sûr ! Celui que tu as pris pour son amant est un missionnaire !...

RIBOULOT.

Un missionnaire?

GAMBOULET.

Oui... qui voyage pour les bibles. Pardonne-lui.

RIBOULOT.

Ah! c'est un missionnaire !... Alors, je ne dis pas non... Ça dépendra...

GAMBOULET.

De quoi?

RIBOULOT.

De sa mission ! Mais il faut que je la voie, elle... je veux la voir !

MARIETTE.

Ah !... Il y a une autre porte qui ouvre sur le carré, et elle n'a pas de verrous, celle-là. Venez ! nous allons vous l'indiquer.

RIBOULOT.

Enfin ! (Criant à la porte de gauche.) Vous entendez, là-dedans. Il y a une autre porte sans verrous et j'y vais !... (A Mariette.) Ouvrez la marche, je vous suis.

GAMBOULET.

Riboulot, mon vieil ami... écoute la voix de la raison... La voix de la raison, c'est moi...

RIBOULOT.

Veux-tu me lâcher, nom de nom !

GAMBOULET.

Sapristi ! il y a un malheur dans l'air !

RIBOULOT.

Allons !

> Tous sortent.

GAMBOULET.

Riboulot ! Riboulot !... Du calme, je t'en prie ! Du calme !

> Il sort à la suite de tout le monde.

SCÈNE VI

MADAME GAMBOULET, une bougie à la main.

Elle entr'ouvre la porte à gauche, regarde, voit qu'il n'y a personne, sort vivement, et referme la porte.

Et cette Anglaise que je n'ai pu réveiller ! Où me recacher ? (Avisant la porte du deuxième plan à droite.) A tout hasard, par là !

> Elle sort.

SCÈNE VII

GAMBOULET, revenant par le fond et s'essuyant le front.

Impossible de le retenir !... Il est entré et il a refermé la porte sur lui. Ouf ! je n'en puis plus !... (Il tombe assis près du guéridon.) Et j'ai une soif !... (Il prend le verre dans lequel a bu miss Cracfort, et boit.) Ça fait du bien, ça soulage !... Il est là, cet enragé, avec la malheureuse !... Quant aux demoiselles, elles sont descendues... elles ont dit qu'elles allaient rouvrir la brasserie... (Bruit de verroterie cassée à gauche.) Ah ! voilà que ça commence... (Il se lève.) La conversation est entamée ! Il se sera heurté à quelque chose, il est sans lumière...

RIBOULOT, à gauche, criant.

Nom de nom de nom !

GAMBOULET, à lui-même.

On dirait que son timbre a plus de moelleux ! (Il approche et écoute.) Des voix confuses... ça a l'air de se calmer... oui ! Tout se tait... (Chancelant.) Tiens ! qu'ai-je donc ?... Je me sens la tête lourde... (Écoutant à la porte.) Le bruit d'un baiser !... Ah ! je suis complètement rassuré ! L'explication prend une direction satisfaisante... Ah çà ! mais je tombe de sommeil !... Qu'est-ce que cela veut dire ?... (Prêtant l'oreille.) Des pas... oui ! on vient !... Ah ! que c'est drôle ! mes yeux se ferment malgré moi ! Je n'y vois plus. (Il est remonté et ouvre les rideaux de l'alcôve.) Ah ! un lit !... C'est le ciel... c'est un ciel de lit. La couverture est faite.... ma foi, je n'y résiste pas.

Il entre dans l'alcôve et referme les rideaux.

MADAME GAMBOULET, sortant de la chambre à droite, avec précaution.

Je n'entends plus rien... Si je pouvais appeler la bonne ou la fille de Sophie... Voyons, de quel côté, la bonne ? (Elle est remontée et entend mettre une clé dans la serrure.) Ah !

Elle sort vivement par où elle est entrée.

SCÈNE VIII

GAMBOULET, dans l'alcôve, MANIVON, OCTAVIE.

OCTAVIE, entrant.

Allons, entre, et ne sois pas timide comme cela !

MANIVON.

Me voilà !

OCTAVIE, tout en se débarrassant.

Eh bien ! nous sommes chez nous.

MANIVON.

Oui, chez nous !

OCTAVIE.

Ah ça ! Pourquoi as-tu été si réservé toute la soirée ? Je t'ai fait manger des écrevisses !... Je t'ai fait boire du champagne !... Qu'est-ce que cela veut dire ? autrefois tu n'étais pas comme ça.

MANIVON.

Ah ! dame, c'est qu'autrefois...

OCTAVIE.

Enlève donc ton paletot.

MANIVON.

Oui !... oui !...

Il enlève son paletot.

OCTAVIE.

Tu disais autrefois ?...

MANIVON.

Nous étions plus jeunes.

OCTAVIE.

Est-ce que le cœur vieillit ?

MANIVON.

Le cœur ne vieillit pas, non !... mais...

OCTAVIE, le regardant.

Ah !

MANIVON.

Oui !

OCTAVIE.

Te rappelles-tu cette nuit, à l'hôtel...

MANIVON.

Si je me la rappelle !... j'entrai sans frapper.

OCTAVIE.

C'était ton droit.

MANIVON.

Mon droit ?

OCTAVIE, tout en parlant, appuyée sur son épaule, lui déboutonne son gilet.

Sans doute ! Et puis, il existe entre les cœurs qui doivent s'aimer un jour, des affinités incompréhensibles.
Mon cœur avait pressenti ton cœur !... Et, si tu ne m'a-
vais pas quittée comme tu l'as fait, tu aurais vu...

MANIVON.

Ne parlons plus de cela. Je suis près de toi, c'est l'important.

OCTAVIE.

L'important... pas tout à fait.

MANIVON, la regardant.

Ah !

Il ôte son gilet.

OCTAVIE.

Et maintenant, dis-moi que tu m'aimes comme il y a
vingt ans !

MANIVON.

Vingt-trois ans.

OCTAVIE.

Non, vingt ans !... j'ai bien compté, va !

MANIVON.

Voyons ! c'était en....

OCTAVIE, après avoir défait le nœud de sa cravate, la tirant, l'en-
roulant autour de son doigt et la mettant dans sa poche.

Ne cherche pas !... Ce ne sont pas des dates qu'il s'agit
de trouver en ce moment.

MANIVON.

C'est vrai !

OCTAVIE.

Anatole, j'ai peur que les liquides que tu as vendus
toute ta vie n'aient influé sur ton organisation.

MANIVON.

Bonne amie, peux-tu croire...

OCTAVIE.

Le liquide, ça a du bon certainement ; mais le solide a bien son charme.

MANIVON.

Je te garantis, bonne amie, que je suis très solide. Seulement, j'avoue qu'en ce moment l'émotion de me retrouver près de toi après vingt-trois années...

OCTAVIE.

Vingt.

MANIVON.

Vingt-trois... c'était en...

OCTAVIE.

Ne cherche pas !

MANIVON.

Tu me laisses seul ?

OCTAVIE.

Oui ! Je vais voir si ma fille... notre fille repose ; et je te reviens plus aimante que jamais.

MANIVON, à part.

Elle m'effraye un peu... (Haut.) Va vite.

OCTAVIE, prenant la bougie sur le petit meuble.

Tu n'auras pas peur sans lumière ?

MANIVON.

Oh ! pas du tout !

OCTAVIE.

Je ne serai pas longue. A tout à l'heure, bébé ! (Elle lui envoie un baiser.) Ote... ôte... ôte tout ce que tu voudras !

Elle sort par la droite avec la lumière. — Nuit.

SCÈNE IX

MANIVON, puis MADAME GAMBOULET.

MANIVON.

Ime semble que je nage en plein conte de fée ! Je vais

être heureux comme un coq en pâte, ici ! Seulement, il faudra régulariser tout ça ! Je suis pour les choses régulières, moi ! Aussi, pas plus tard que demain, je lui demanderai à quand le mariage.

MADAME GAMBOULET, entrant avec précaution par la droite, deuxième plan ; à elle-même.

Je n'entends plus rien !

MANIVON, à lui-même.

Hein !... du bruit !

MADAME GAMBOULET, à elle-même.

On a bougé !

MANIVON.

Est-ce toi. mon Octavie ?

MADAME GAMBOULET, à elle-même.

Hein ?... mon nom ?

MANIVON.

Voyons, où es-tu ? (Il la cherche, la prenant.) Ah ! te voilà !

MADAME GAMBOULET.

Ah ! Joseph ! Pardonne-moi.

MANIVON, à part.

Joseph, à présent ! (Haut.) Que je te pardonne quoi ?

MADAME GAMBOULET.

Tu veux me forcer à te le dire ? Oh ! c'est mal.

MANIVON.

Eh bien, non ! non !... Ne me dis rien.

MADAME GAMBOULET.

Je reviens à toi, cela doit te suffire.

MANIVON.

Ça me suffit.

MADAME GAMBOULET.

Voyons, qu'as-tu fait de notre fils ?

MANIVON, étonné.

Notre fils ?

MADAME GAMBOULET.

Lui as-tu conservé le nom que je lui avais collé dans le dos avec un pain à cacheter ?

6

MANIVON.

Un pain à cacheter?... Tu lui as collé un pain...

MADAME GAMBOULET.

A cacheter!

MANIVON.

Mais, notre fils est une fille !

MADAME GAMBOULET.

Une fille ?

MANIVON.

C'est toi-même qui me l'as dit !

MADAME GAMBOULET.

Moi?

MANIVON.

Ah ça, voyons, entendons-nous...

UNE VOIX, sous la fenêtre.

Eh! bourgeois !

MADAME GAMBOULET.

Qu'est-ce que cela ?

LA VOIX.

Faut-y vous attendre toute la nuit?

MANIVON.

Sapristi ! c'est le cocher que j'ai oublié de régler ! Attends!

MADAME GAMBOULET.

Va ! et reviens vite.

MANIVON.

Sans lumière, ça n'est pas commode!.... Ah! je tiens la porte ! (A madame Gamboulet.) Deux minutes et je resuis à toi ! A tout à l'heure... bébé!

Il sort par le fond gauche.

SCÈNE X

MADAME GAMBOULET, puis RIBOULOT.

MADAME GAMBOULET.

Ça tourne très bien ! Je préfère cela ! Mais qu'est-ce

qu'il veut me dire avec ma fille ? Est-ce que je me serais trompée à ce point-là ? Il est vrai que je n'ai vu l'enfant qu'un instant !... Oh ! non ! ça n'est pas possible.

RIBOULOT, entrant avec précaution par la gauche, premier plan.

J'ai pardonné ! Mais je voudrais bien des allumettes pour éclairer la situation !... J'ai fait tous les frais de la conversation. Ma femme ne m'a pas dit un mot !

Il a traversé et se heurte à une chaise, à droite.

MADAME GAMBOULET.

Ah ! tu es là ?... Tu n'as pas été long.

RIBOULOT, à part.

Elle m'a suivi !... et elle parle. (Haut.) Oui ! oui ! Je cherche des allumettes.

MADAME GAMBOULET.

Laisse donc les allumettes tranquilles. Nous avons bien le temps d'y voir clair !

RIBOULOT.

Ah !

MADAME GAMBOULET.

Dis-moi ?

RIBOULOT.

Ma poule ?

MADAME GAMBOULET.

Pourquoi me disais-tu que notre fils était une fille ?

RIBOULOT, étonné.

Moi, je n'ai pas dit ça.

MADAME GAMBOULET.

Ah ! à la bonne heure !

RIBOULOT.

Ah ça ! c'est donc un fils ?

MADAME GAMBOULET.

Naturellement !

RIBOULOT.

Alors, pourquoi l'habilles-tu en fille ?

MADAME GAMBOULET.

Moi ?

RIBOULOT.

Quand je l'ai vu tantôt, il avait bien l'air d'une fille.

MADAME GAMBOULET.

Tu l'as vu ?

RIBOULOT.

Voyons, tu le sais bien ! Puisque tu étais là !... Ah ! ah ! c'était rigolo tout de même ça !... et je t'avoue sacrebleu ! que si j'avais su... Oh ! là ! là ! il passait un fichu quart d'heure !

MADAME GAMBOULET.

Qui ?

RIBOULOT.

Ton Américain, parbleu ! ton missionnaire.

MADAME GAMBOULET.

N'en sois pas jaloux, c'est toi seul que j'aime !

RIBOULOT.

Ah ! c'est moi seul !... Bien ! Mais c'est pas tout ça ! J'en ai assez, moi, de pérorer dans l'obscurité !... Attendsmoi... je vais prendre mon chapeau ; la brasserie est ouverte... nous allons aller manger une choucroûte ! J'ai besoin de me refaire, moi, sacrebleu !

MADAME GAMBOULET, à part.

Ne le contrarions pas ! (Haut.) Va, et de mon côté, je vais me préparer.

RIBOULOT.

C'est ça ! à tout à l'heure ! (A part.) Ça a bien tourné, nom de nom !... Elle ne m'a pas fait de scène... Elle a bien fait ! Sans ça, mille tonnerres !

Il sort par la gauche, premier plan.

MADAME GAMBOULET.

Je m'y perds complètement !.. Après ça, depuis vingt-trois ans.... il a dû se passer tant de choses !

Elle sort par la droite, deuxième plan.

SCÈNE XI

OCTAVIE, puis GAMBOULET.

OCTAVIE, revenant avec la lumière.

Octavie ! Octavie, ici ! Ma fille vient de me l'apprendre.
Du diable si je l'attendais ce soir ! Où est-elle ? (Voyant la
valise sur le guéridon.) Une valise ! la sienne ! elle se sera
couchée. (On entend ronfler.) Oui ! Elle est là ! Elle dort...
Dans mon lit ! Heureusement qu'Anatole a eu besoin de
s'absenter... sans ça... voyez-vous que... Ah ! mais non !
Bah ! elle est dans son premier sommeil, ça ne la gênera
pas beaucoup de la réveiller... Je vais lui indiquer sa
chambre. (Elle va à l'alcôve, ouvre les rideaux et voit Gamboulet
qui s'est couché et qui dort.) Ah ! un homme ! Et ce n'est pas
Anatole !

GAMBOULET, se réveillant.

Hein ?

Il a noué un foulard autour de sa tête.

OCTAVIE, emportant la lumière.

Au voleur ! au voleur !

Elle sort vivement par le fond gauche.

GAMBOULET, sautant à bas du lit. Il est en caleçon.

Qu'est-ce qu'il y a ? Une dame ! Et elle crie au voleur !
Sapristi ! il faut que je lui explique... Où est-elle passée ?
Ah ! je crois qu'elle est sortie par là ! (Il indique la porte du
deuxième plan gauche.) Madame ! madame ! Ne criez pas !
n'appelez pas ! Je ne suis pas un voleur !

Il sort.

SCÈNE XII

RIBOULOT, puis MADAME GAMBOULET.

RIBOULOT, rentrant.

Mille tonnerres ! Un voleur ! (Criant à gauche.) Ne bouge

6.

pas, toi ! Elle est crampon, ma femme ! Elle m'a resuiv quand je suis allé prendre mon chapeau !... Je vais aller manger ma choucroûte sans elle. Ah çà, voyons, où est-il le voleur ?

> MADAME GAMBOULET, entrant, à elle-même.

Mon Dieu, que se passe-t-il donc ?

> RIBOULOT, tenant la porte par où vient d'entrer madame Gamboulet.

Une porte ouverte ! Il s'est caché là, le brigand !

> Il sort.

> MADAME GAMBOULET.

J'ai une peur atroce ! (Appelant.) Joseph ! Joseph !

> OCTAVIE, dans la coulisse.

Par ici ! Suivez-moi !

> MADAME GAMBOULET.

Ah !

> Elle se cache dans l'alcôve.

SCÈNE XIII

MADAME GAMBOULET cachée, OCTAVIE, ANSELME, Les Demoiselles, Consommateurs.

> OCTAVIE.

Venez ! Il n'a pu s'échapper ! Nous le tenons !

> ANSELME.

Où est-il ?

> OCTAVIE, désignant l'alcôve.

Là ! là !

> ANSELME.

Attention !... Mesdemoiselles, tenez-vous devant les portes ! (Aux consommateurs.) Y sommes-nous, messieurs ?

> LES CONSOMMATEURS.

Oui !

> ANSELME.

En ce cas, allons-y ! (Il se précipite sur les rideaux qu'il ouvre.) Une femme !

TOUS.

Une femme !

OCTAVIE.

Mais qui êtes-vous, madame ?

MADAME GAMBOULET.

Je suis Octavie.

OCTAVIE.

Ah ! toi !

MADAME GAMBOULET.

Sophie !

Elles s'embrassent.

RIBOULOT, revenant.

Cré mille noms de nom !

OCTAVIE.

Ah ! le voilà, le voleur !

ANSELME et LES CONSOMMATEURS,

Ah ! brigand !

Ils tombent sur Riboulot.

RIBOULOT, se débattant.

Mille tonnerres ! Voulez-vous me lâcher !

OCTAVIE.

Mais c'est le restaurateur !

ANSELME.

Oui ! (Aux consommateurs.) Arrêtez, messieurs !

RIBOULOT.

Mille noms de nom !...

ANSELME.

En effet, je vous reconnais... vous êtes le successeur de
M. Gamboulet ?

RIBOULOT.

Allez au diable !

GAMBOULET, qui vient d'entrer.

Avez-vous trouvé le voleur ?

RIBOULOT.

Ah ! te voilà, toi !

GAMBOULET.

Oui.

SCÈNE XIV

LES MÊMES, MANIVON.

MANIVON.

Obligé d'aller au poste avec ce cocher... Tiens! qu'est-ce que c'est que tout ce monde?

RIBOULOT.

Le missionnaire! en manches de chemise! chez ma femme!... ah!

Il le prend au collet.

MANIVON.

Hé! là-bas!

OCTAVIE, avec autorité.

Silence!

RIBOULOT.

Hein!

OCTAVIE.

Silence et expliquons-nous! Il se passe ici des choses qui confondent l'imagination! (Aux demoiselles.) Mesdemoiselles, retournez à votre service! (Aux consommateurs.) Messieurs, je vous remercie du coup de main que vous m'avez donné! (A Anselme.) Restez, monsieur Anselme! Et que personne des intéressés au conciliabule qui va avoir lieu ne fasse un geste, un mouvement avant que je n'aie levé le veto qui pèse sur cette assemblée!

RIBOULOT, à part.

Corbleu! c'est une crâne femme!

MANIVON, à part.

Pourquoi m'a-t-il appelé le missionnaire?

GAMBOULET, à part.

Je ne me sens pas à mon aise!

Les demoiselles et les consommateurs sortent.

SCÈNE XV

RIBOULOT, MANIVON, GAMBOULET, ANSELME, OCTAVIE,
MADAME GAMBOULET.

OCTAVIE.

Messieurs. La situation qui nous est faite à madame et
à moi, exige une enquête des plus minutieuses.

RIBOULOT.

Enquêtons, sacrebleu! je ne demande pas mieux!

MANIVON.

Oui, enquêtons!

OCTAVIE.

Nous sommes deux dames qui avons affaire à trois
hommes... vous en conviendrez, c'est anormal! Exami-
nons tout d'abord, ce qui a trait à madame Riboulot.

GAMBOULET, désignant madame Gamboulet.

A madame?

OCTAVIE.

Non, pardon...

MADAME GAMBOULET, désignant Octavie.

A madame!

GAMBOULET.

·Hein?

RIBOULOT.

Parbleu!... Je le sais bien! ou plutôt, nous le savons
bien!... Eh! eh!

Il cligne de l'œil en lui désignant la chambre à gauche.

OCTAVIE.

Que voulez-vous dire?

RIBOULOT.

Je veux dire, sacrebleu, que je t'ai pardonné... là!

OCTAVIE.

Vous errez, monsieur! je ne suis pas entrée dans cette
chambre de la soirée!

RIBOULOT.

Allons donc!

OCTAVIE, désignant madame Gamboulet.

Madame, oui !

RIBOULOT.

Sacrebleu! Mais quelle est madame?

OCTAVIE.

Octavie Fignolard.

GAMBOULET.

Octavie Fignolard?

RIBOULOT.

Je ne comprends plus! Alors, ce serait avec elle que...

GAMBOULET.

Quoi?

RIBOULOT.

Dame !

GAMBOULET.

Miséricorde! Et tu es entré dans cette pièce... et je t'ai entendu casser de la verroterie...

RIBOULOT.

Le fait est que j'ai cassé quelque chose!

GAMBOULET.

Et tu étais en compagnie de...?

MADAME GAMBOULET.

Je proteste !

GAMBOULET.

Ah! je respire!

MADAME GAMBOULET.

Ah ça ! qui donc êtes-vous pour vous permettre de respirer à propos de ce que je viens de dire ?

GAMBOULET.

Qui je suis? je...

RIBOULOT.

Parbleu! c'est Gamboulet!

ANSELME, poussant un cri.

Ah!

TOUS.

Quoi?

ANSELME.

Lui!

MADAME GAMBOULET.

Vous !

GAMBOULET.

Voilà une heure que je vous le dis.

ANSELME, à Gamboulot.

Monsieur, je...

GAMBOULET.

Tout à l'heure ! je suis occupé !

ANSELME.

J'attendrai !

MADAME GAMBOULET.

A moi, la parole!

OCTAVIE.

Je te l'accorde!

MADAME GAMBOULET.

Ma réputation vient d'être grièvement atteinte ! j'ai besoin, avant tout, de bien affirmer ma qualité d'honnête femme! (A Riboulot.) Vous prétendez, monsieur, que dans cette chambre...

RIBOULOT.

Il y avait une dame! nom de nom! oui! je le prétends.

MADAME GAMBOULET.

Et cette dame serait... ?

RIBOULOT.

Est-ce que je sais, moi? Il faisait noir! Mais là n'est pas la question!

MADAME GAMBOULET.

Si !

RIBOULOT.

Je vous demande pardon, sacrebleu! La question, la voilà : Si vous êtes madame Octavie Fignolard, quelle est madame ?

Il désigne Octavie.

OCTAVIE.

Sophie Dumoulin !

RIBOULOT.

Mille tonnerres ! La cause est entendue. (A Manivon.)
Debout, vous !

MANIVON, à part.

Ah ! il paraît que c'est mon tour !

RIBOULOT.

Votre état civil ?

MANIVON.

S'il vous plaît ?

RIBOULOT.

Votre nom, sacrebleu !

MANIVON.

Ah ! mon nom ? Bien ! Manivon... Eutrope Manivon !

GAMBOULET.

Mais non ! c'est le missionnaire Burlington.

MANIVON.

Burlington, à présent !...

OCTAVIE.

Vous n'êtes donc pas...

MANIVON.

Je ne sais plus ce que je suis !

OCTAVIE.

Anatole Riboulot ?

RIBOULOT.

Ça ne peut être lui, puisque c'est moi !

OCTAVIE.

Toi ! ah !

Elle veut se jeter dans ses bras.

RIBOULOT.

Minute ! Avant tout, j'éprouve le besoin de casser les
reins à monsieur !

MANIVON.

A moi ?

OCTAVIE.

Anatole, je te jure que nous n'avons rien à nous re-
procher !

MANIVON.

Pas ça!

OCTAVIE.

Monsieur, que je ne connais pas, me trimballe depuis tantôt, c'est vrai!... Mais en tout bien tout honneur!

RIBOULOT.

Ta parole?

OCTAVIE.

Tu l'as!

RIBOULOT.

Je te crois! Dites-nous simplement pourquoi vous vous êtes infiltré dans les respectables lares de madame?

MANIVON.

Je ne me suis pas infiltré!... Je suis venu pour proposer des liquides à madame... Et madame m'a sauté au cou!

RIBOULOT.

Mille tonnerres!

OCTAVIE.

Je l'ai pris pour toi à cause du sac.

RIBOULOT.

Comment, il a le sac?

OCTAVIE.

Le sac de nuit!

RIBOULOT.

Quel sac de nuit?

OCTAVIE.

Le tien! Il portait ton nom... monsieur était là, j'ai cru qu'il lui appartenait et...

RIBOULOT.

Et monsieur ne t'a pas dissuadée?

MANIVON.

J'ai pensé que madame était mon aventure d'il y a vingt-trois ans... à l'hôtel du Grand Cerf.

MADAME GAMBOULET, à part.

L'hôtel du Grand Cerf?

7

MANIVON.

Où, une nuit, m'étant trompé de porte, je suis entré au 26... et...

MADAME GAMBOULET, bas.

Silence !

MANIVON.

Hein ?

MADAME GAMBOULET.

Plus un mot !

MANIVON, à part.

Ah ! bah !

RIBOULOT.

De tout ceci, il ressort clair comme le jour que Gamboulet retrouve sa femme !

GAMBOULET.

Oui ! grâce au missionnaire.

RIBOULOT.

Que je retrouve la mienne !

OCTAVIE.

O bonheur !

RIBOULOT, désignant Manivon.

Et que monsieur...

GAMBOULET.

Trouve une nouvelle famille.

MANIVON.

Ah bah !

GAMBOULET.

Mon cher Burlington, je n'oublierai jamais le rôle que vous avez joué dans cette affaire-là !

Ils se serrent la main.

RIBOULOT, désignant Anselme.

Quant à vous, intéressant jeune homme...

ANSELME.

On m'a dit d'attendre, j'attends !

RIBOULOT.

Jette-toi dans ces quatre bras !

MADAME GAMBOULET.

Eh quoi ! Monsieur serait...

RIBOULOT.

L'enfant du pain à cacheter !

ANSELME, se jetant dans les bras de Gamboulet.

Ah !

GAMBOULET, le repassant à madame Gamboulet.

A elle !

ANSELME, se jetant dans les bras de madame Gamboulet.

Ah !

MADAME GAMBOULET, le repassant à Manivon.

A votre tour !

MANIVON.

A moi ?

MADAME GAMBOULET, bas.

C'est le vingt-six !

MANIVON.

Ah bah !

ANSELME, leur serrant la main à tous les trois.

Ma famille !

SCÈNE XVI

LES MÊMES, ALEXANDRINE, puis LES DEMOISELLES.

ALEXANDRINE, un bougeoir à la main.

Maman ?

OCTAVIE.

Alexandrine !

ALEXANDRINE.

J'ai entendu du bruit... j'ai craint que tu ne sois ma-
lade et je... (Voyant Manivon.) Papa ?..

OCTAVIE.

Ce n'est plus lui!

ALEXANDRINE.

Ah !

OCTAVIE.

C'est monsieur !

> Elle désigne Riboulot.

RIBOULOT.

Oui!... ma fille ! et voilà ton mari !

> Il désigne Anselme.

GAMBOULET.

Mais...

RIBOULOT.

Je les unis ! je suis comme comme ça, moi, sacrebleu

MARIETTE, au fond, à gauche.

Patronne, pouvons-nous entrer ?

OCTAVIE.

Oui !

MARIETTE.

Nous avons fermé et nous sommes venues pour vous donner des explications sur...

RIBOULOT.

Pas d'explications, sacrebleu ! ou plutôt si... une seule !

OCTAVIE.

Laquelle ?

RIBOULOT, à lui-même.

C'est embarrassant à dire, ça ! (Haut, à Octavie.) Es-tu bien sûre que cette chambre soit inoccupée !

OCTAVIE.

Pourquoi cette question ?

RIBOULOT.

Pour rien... un simple renseignement !

> Miss Cracfort paraît à la porte de gauche.

ALEXANDRINE.

Ah! Miss Cracfort !

RIBOULOT.

Qu'est-ce que c'est que ça ?

OCTAVIE.

L'institutrice de notre fille ?

RIBOULOT.

Nom de nom !

OCTAVIE.

Quoi ?

RIBOULOT.

Rien !

OCTAVIE.
Et maintenant que tout s'arrange,
Tant pis pour les gens fatigués,
Mais à table, il faut que l'on mange,
Vous êtes tous mes invités !
Que le plaisir nous accompagne,
Fêtons cette nuit de bonheur,
Et que l'on verse le champagne,
Afin que nous chantions en chœur :
    J'avais mon pompon
    En r'venant d'Vincennes,
    En r'venant d'Vincennes,
    J'avais mon pompon.

TOUS.

Ah ! ah ! ah ! ah !

REPRISE EN CHŒUR

Rideau.

Imprimerie générale de Châtillon-sur-Seine. — A. PICHAT

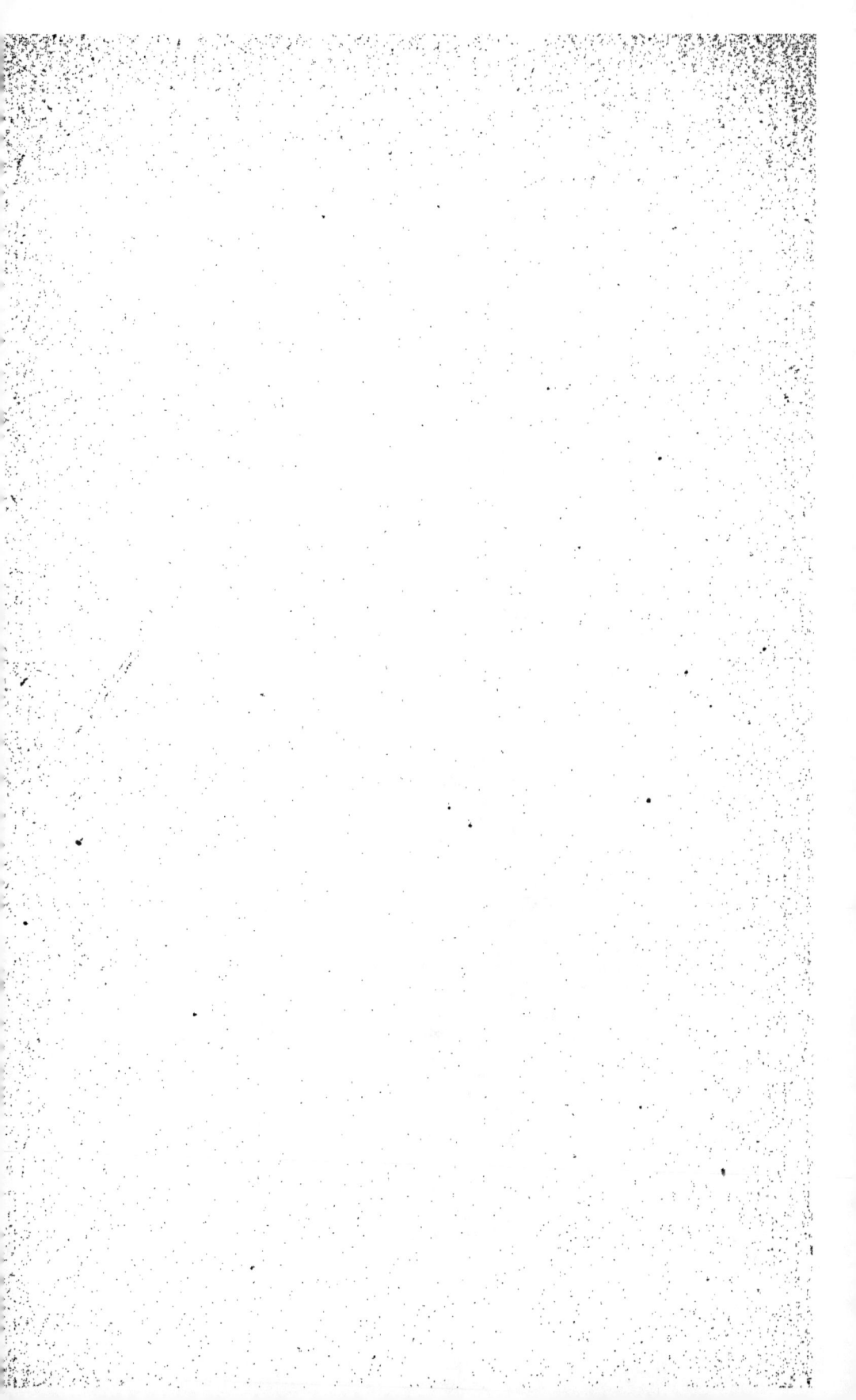

DERNIÈRES PIÈCES PUBLIÉES

Paris. — Imp. G. Rougier et Cie, rue Cassette, 1.